青海民族大学中国语言文学学科建设文库

U1005681

青海风土记

杨希尧 著
刘钦明 马伟 编订

青海人民出版社

图书在版编目(CIP)数据

青海风土记 / 杨希尧著 ；刘钦明，马伟编订．--
西宁 ： 青海人民出版社，2021.11
ISBN 978-7-225-06223-5

Ⅰ.①青… Ⅱ.①杨… ②刘… ③马… Ⅲ.①风俗习
惯—青海 Ⅳ.①K892.444

中国版本图书馆CIP数据核字(2021)第218148号

青海风土记

杨希尧 著

刘钦明 马伟 编订

出 版 人 樊原成
出版发行 青海人民出版社有限责任公司
西宁市五四西路71号 邮政编码:810023 电话:(0971)6143426(总编室)
发行热线 (0971)6143516/6137730
网 址 http://www.qhrmcbs.com
印 刷 西宁东宝印务有限责任公司
经 销 新华书店
开 本 890mm×1240mm 1/32
印 张 6
字 数 120千
版 次 2021年11月第1版 2021年11月第1次印刷
书 号 ISBN 978-7-225-06223-5
定 价 28.00元

杨希尧（1888—1971）

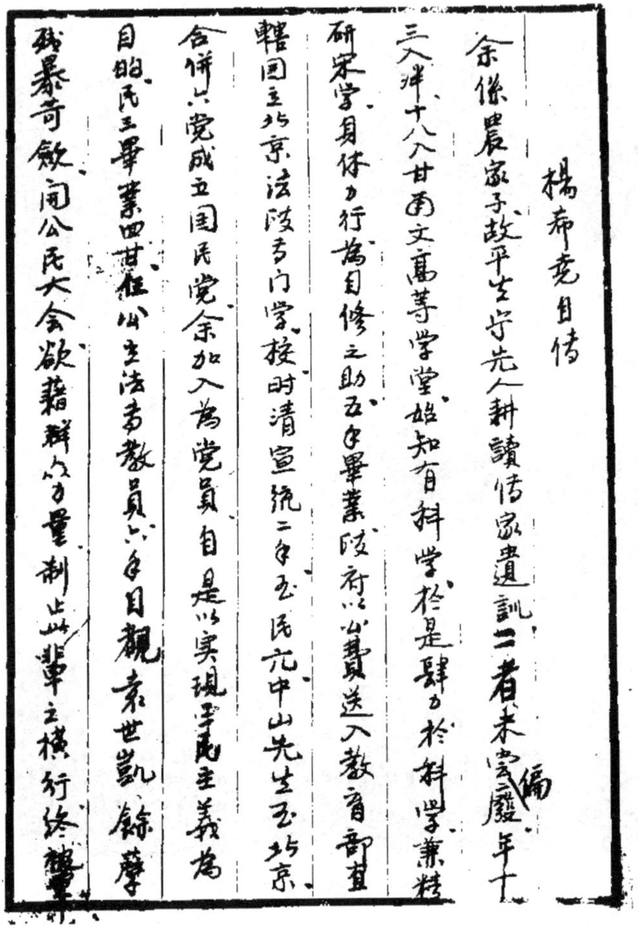

楊希堯自傳

余係農家子，故平生守先人耕讀傳家遺訓，二者未嘗偏廢。年十三入泮，十八入甘肅文高等學堂，始知有科學，於是肆力於科學，兼精研宋學，身体力行，為自修之助。五年畢業，陝府以公費送入教育部直轄國立北京法政專門學校，時清宣統二年。至民元中山先生至北京合併六黨成立國民黨，余加入為黨員，自是以實現三民主義為目的。民三畢業，回甘任公立法專教員六年，目睹袁世凱餘孽殘暴奇斂，聞公民大會欲藉群眾力量制止此輩之橫行，終犧

先生手迹

总序

青藏高原是世界上海拔最高的高原，有“世界屋脊”“地球第三极”之美称，也是中国最大的高原，是中华民族和中华文明的发祥地之一。因此，青藏高原不仅以其雄奇壮美的自然风光吸引着世人的目光，同时也以其悠久灿烂的民族文化著称于世，汉、藏、回、土、撒拉、蒙古等多民族语言文学就是青藏高原民族文化最为耀眼的明珠。坐落于湟水河畔的青海民族大学是青藏高原第一所现代意义上的高等学府，学校自成立后就展开了对青藏高原民族语言文学的教学与研究工作。1949年学校成立后开展了汉、藏、蒙古三语课程教学，1958年设置相关学科专业，开展本科教育。李克郁、韩建业、王青山等学者参加了20世纪50年代全国民族语言大调查与研究工作；1960 年承担全国少数民族文学史《藏族文学史简编》编写工作，搜集、整理青海民间文学三套集成等，为该学科发展奠定了坚实基础。1979 年开始藏缅语族语言方向研究生教育。1981 年国务院批准本校为首批硕士学位授予单位，培养中国语言文学硕士研究生，汉、藏、蒙古语言文学等学科得到进一步发展。1995 年起藏、汉语言文学先后被列为省级重点学科。2011 年中国语言文学获硕士学位授权一级学科，设置文艺学、语言学及应用语言学、汉语言文字学、中国古典文献学、中国古代文学、中国现当代文学、中国少数民族语言文学(分语族)、比较文学与世界文学 8 个学科方向，以及自主设置的格萨尔学方向。2013 年本学科招收我校第一位留学研究生。2014 年起和天津大学联合培养汉藏翻译方向博士研究生。至此，本学科具备了从本科到研究生（包括留学研究生）完整的高层次人才培养体系，在学科梯队、学术研究、人才培养、条件建设等方面得到了快速发展，形成了自己的学科特色。2018 年青海省教育厅、财政厅立项我校中国语言文学为省内一流建设学科。

在学校中国语言文学学科发展史上，涌现了前赴后继的名师学者，其中一些来自国内著名高校，曾受过良好的专业熏陶。他们怀着对民族高等教育的满腔热情，披荆斩棘，砥砺前行，在昆仑山下，湟水河畔，开拓出一方中国语言文学学科建设的充满活力的精神高地。这些前辈学者有：

李文实 (1914—2004)，青海化隆人，1945 年毕业于成都齐鲁大学，后在上海诚明文学院中文系任教授，20 世纪 70 年代末到90年代初在青海民族学院汉语言文学系任教。李文实先生师从顾颉刚大师，继承“古史辨”派的学术思想，从民族、宗教、民俗、语言等学科对西北古代历史地理及羌藏文化展开了深入研究。先生曾承担汉语言文学系本科生中国文学史、少语系硕士研究生中国古典文学课程及辅导讲座，并编写了几十万字的《中国古典文学作品选读辅导讲话》《中国史籍举要》《诗经》《楚辞》等讲稿。特别是对西北的历史、文化、地理、风俗的考察和对青海地方史志的整理编纂做出了突出贡献。《西陲古地与羌藏文化》是其学术思想的集中呈现，获青海省第六次哲学社会科学优秀成果一等奖。

胡安良（1934—），湖北武汉人，当代著名语言学家、全国优秀教师、享受国务院政府特殊津贴专家，先后担任中国语言学会理事、中国修辞学会理事、西北修辞学会会长、青海省语言学会会长、青海民族学院汉语言文学系主任等职。早年师承王力、岑麟祥、商承祚等语言文字大师。20世纪50年代在中山大学语言学系就读，后随王力先生北上。1957年毕业于北京大学中文系。1958年来青海民族学院工作至今。胡教授是青海省最早培养硕士研究生的专家之一，曾培养数届汉语言文字学等方面的硕士研究生，其学生大多成为省内外语言学界、出版界、文化界的科研骨干。胡先生发表论文40余篇，出版《词语漫笔》《老庄衍论》《老庄语冰录》《言语的内察与外观》等8部专著。其中《现代汉语》（与黄伯荣、廖序东合著）一书获国家高等院校文科教材二等奖。

程祥徽(1934—)，湖北武汉人。北京大学文学学士，香港大学哲学硕士，语言学教授。曾任澳门大学中文学院院长、澳门语言状况关注委员会委员、澳门政府文化委员会委员、澳门语言学会会长、中国修辞学会常务理事。1958—1979 年在青海民族学院任助教、讲师，破格晋升教授。1981 年后在澳门东亚大学和澳门大学任教，曾任东亚大学中文系主任。主编《澳门语言论集》《语言风格论集》《语言与传意》《方言与普通话》《港澳通用普通话教材》《澳门文学研讨集》等。

祝宽（1921—），陕西乾县人。1942 年考入兰州西北师范学院中国文学系，1943 年受聘于乾县简易师范学校任国文教师。1944 年秋，去兰州西北师范学院复学，潜心研究五四运动以来新诗发展史，参加革命活动。1946 年进入北平师范大学中国文学系读四年级，次年毕业。1949 年乾县解放后，任县支前委员会主任秘书、县人民政府文教科长兼乾县中学校长、共青团县工委委员兼组织部部长、县人代会常委等。1950 年，调往北京师范大学中文系，讲授中国新文学史，参与组建师大民盟组织，担任民盟北京市委委员。1960 年 10 月调青海民族学院中文系任教。曾任青海省文学学会副会长兼秘书长，中国现代文学研究会北京总会四届理事。著有《中国现代诗歌简史》《五四新诗史》等，《五四新诗史》获青海省人文社会科学优秀成果一等奖。

邵祖平（1898—1969），江西南昌人。因家境贫寒未入过正式学校，自学成才，喜欢写诗交友，早年肄业于江西高等学堂，为章太炎高足。1922 年后历任《学衡》杂志编辑，东南、之江、浙江大学教授，章氏国学会讲席，民国政府铁道部次长曾养甫秘书，朝阳法学院、四川大学、金陵女子大学、华西大学、西北大学、西南美术专科学校、重庆大学、四川教育学院教授。1949 年后，历任四川大学、中国人民大学、青海民族学院教授。著有《中国观人论》《文字学概论》《国学导读》《词心笺评》《乐府诗选》《七绝诗论七绝诗话合编》《培风楼诗存》《培风楼诗续存》《培风楼诗》等，《培风楼诗》曾获教育部一等奖。

贾晞儒（1934— ），陕西蓝田人。1955 年毕业于西北民族学院语文系蒙古语言文学专业，毕业后留校任教，1960 年 12 月调至青海民族学院任教，先后在民族研究所、蒙学系、文学与新闻传播学院等工作，讲授《汉语文》《蒙古语文》《现代蒙古语》《翻译教程》《语言学概论》《民族语言与民族历史》《普通语言学》《文化语言学》等课程。先后担任过蒙语教研室副主任、系副主任、民族研究所所长等职，兼任《青海民族研究》主编、中国蒙古语文学会常务理事、学术委员、青海省民族古籍工作评审委员会委员等职。出版《民族语文散论》《青海湖畔的传说》《中华各民族谁也离不开谁的故事》《现代化进程中的民族问题》《贾晞儒民族语言文化研究文集》《青海蒙古语言文化纵论》《德都蒙古文化简论》《语言·心理·民俗》《蒙汉对比语言学基础》《文化语言学》等 10 多部著作，发表论文 120 余篇，荣获省级科研优秀成果二、三等奖多项。

此外，冯育柱、彭书麟、浦汉明等著名学者也曾在文学院工作，为学院发展做出了很大贡献。正是这些前辈前赴后继的努力与付出，才使学院有了深厚的学术积淀，成为学院永远的宝贵精神财富，激励着加入学院的新人奋发图强，勇攀学术高峰。数代学者的薪火相传为学院的学科建设打下了坚实的基础。目前，学校的中国语言文学学科已经形成了特色鲜明的研究方向：

语言学及应用语言学方向主要以少数民族濒危语言的研究和保护、汉藏语系和阿尔泰语系语言的历时与共时演变、语言接触规律、语言与文化关系、藏文信息处理等领域为专业特色，致力于用语言学的视角服务国家“一带一路”倡议和国际语言文化的交流和研究。

中国少数民族语言文学方向以青藏高原藏、蒙古、回、土、撒拉等世居民族作家文学、民间文学为研究特色。努力在探索青藏高原民族民间文学、作家文学，传承民族文化、构建多元共生的民族精神高地建设等方面形成一定优势。

中国古典文献学方向以藏文木刻本、写本、金石、木牍、缣帛等古典文献古籍为重点研究领域，在敦煌文献、藏医药古籍、藏纸工艺、翻译规范化与标准化等领域形成学术优势。通过藏汉、梵藏等古籍的搜集、整理、翻译，服务于民族文化的传承保护。

比较文学与世界文学方向以民族文学比较、东方文学为研究特色，在中外国文学比较、中外文学思潮比较、形象学等研究领域形成学术合力。通过南亚、中亚文学研究，有效融入“一带一路”中外文化交流与少数民族文化弘扬。

格萨尔学方向以“格萨尔史诗”的活态搜集与整理、说唱艺人口述史为研究特色，努力在格萨尔信仰、口头程式等研究领域形成学科优势。

我校中国语言文学学科涉及文学与新闻传播学院、藏学院、蒙学系等相关单位，现有专任教师 52 人，其中具有正高级职称 30 人，副高级职称 18 人；获博士学位教师 31 人，有海外经历教师 13 人。有国家级教学名师、享受国务院政府特殊津贴专家、博士生导师、国家级教学团队和精品课程负责人。多人获得青海省千人计划领军人才、拔尖人才称号，青海省 135 高层次人才拔尖学科带头人、创新教学科研骨干称号，青海省优秀教师、青海省省级骨干教师等称号，并在学术组织中担任研究会副秘书长、理事等职务。近五年学科方向带头人在研的国家级、省部级科研项目达 40 多项，发表论文约 260 篇，出版专著约 60 部。藏语言文学、土族语、撒拉语等方面的研究居全国一流水平，并具有一定的国际影响力。本学科在丰富中国语言文学内涵，传承与保护青藏高原民族语言文化，加强各民族语言文化的交流交融与促进国家认同，推动“一带一路”沿线国家的语言文化交流等方面发挥了不可替代的作用。

虽然我校学科建设取得了一定的成绩，但我们清醒地意识到自己还有许多不足，尤其需要处理好基础学科与特色学科之间的关系，需要提高师资学缘结构，需要提高人才培养质量，其中很重要的一点就是需要提高科研成果质量。为了在科学研究方面推出一些标志性成果，我们特此组织出版中国语言文学学科建设文库，希望能为我校中国语言文学学科建设添砖加瓦。这些著作也许还存在不少问题，但我们希望先迈开步子，在大家的批评指正中，继续努力，不断取得新的成绩。

是为序！

马伟　王志强

2021年1月12日

序一

20世纪初期，第一次世界大战的硝烟尚未散尽，环球海陆风云激荡；俄国十月革命，清廷辛亥崩溃。而遥想一百年前，青海这一片地方，在中国的中心略偏西北的地方，踞于世界屋脊，自在寂然，风土漫漫。那时，这片大地上还尚未成立省政。

16世纪初，厄鲁特蒙古四部之一的和硕特部，移牧于青海，一度成为这片广袤土地上的主要民族。从清雍正初年（18世纪20年代初）开始，到20世纪初年的辛亥革命，漫长的大约200年间，清朝在青海设置了“青海办事大臣”，以统辖蒙古的29旗和环青海湖地区、南部玉树地区、东南部果洛地区的藏族部落。青海的“青海办事大臣”与新疆的“伊犁将军”、西藏的“驻藏大臣”既作为独立的军府，又互为呼应。

在上述同一时期，青海东北部的西宁城，则由从明朝沿袭下来的“西宁卫”（明廷旨在加强中央集权、在全国各省冲要地区设立的军事制度,亦称“卫所制度”）改称为“西宁府”。仍沿袭土司制度，隶属甘肃省管辖。

辛亥革命后，北洋政府于1912年，任命了“西宁总兵”，1915年，又任命西宁总兵一职兼为“蒙番宣慰使”和“甘边宁海镇守使”。

1928年9月5日，当时的南京政府决定新建青海省，治设西宁。

1929年1月，青海省正式建省。

从今天起上溯100年，那时候，虽然青海还不是一个省级行政单位，但是，在20世纪初叶，社会大转型的历史关口，青海这片广袤原野，已经越来越被世人所瞩目。

20世纪的20年代和30年代，对于诞生中的青海省，是一个非常重要的历史时期。

20世纪初期，受民主思想的影响，半殖民地半封建社会下的中国，不得不顺应历史潮流，采用西方的民主政治体制来推动和维护全新的共和制度并维护其统治。这期间的北洋军阀政府，形式上实行西方的民主共和制，相对于刚刚被推翻的封建王朝，在一定程度上体现了中国政治体制的进步。

但由于中国民族资产阶级的先天不足和后天畸形发展，资产阶级没有真正掌握实权，所以这种所谓的民主体制实际上只是地主阶级为扼制革命而采取的自救措施。中国仍处于半殖民地半封建社会，广大人民群众继续陷于苦难的深渊。

1911 年爆发辛亥革命，1912 年建立中华民国临时政府，后来，袁世凯竟然复辟帝制。再后来，1917 年 7 月到 1918 年 5 月，以孙中山为首的资产阶级革命党人为维护临时约法、恢复国会，联合西南军阀共同进行了反对北洋军阀独裁统治的护法运动。所谓“护法运动”，指的是护卫《中华民国临时约法》，打倒北洋军阀专政的虚假共和，重新建立新生共和的民主法统。

20 世纪 20 年代和 30 年代，就是这样，内忧外患不断。

那个时期，从官府到民间，人们都把西北看作未来抗击外辱的大后方。

那个时期，有识之士痛陈时弊，有人指出：在辛亥革命之后，“内地的同胞，每一度惊醒后，不久又沉沉欲睡，求如马伏波（即东汉名将马援，字伏波）、班定远（即后汉出使西域的班超，字定远），其人其志，固不可得，即求如唐玄奘、徐霞客其人其志，亦不多见，先民之远征雄飞的民族性，自宋代以还，逐渐消沉，入民国后已萎靡至顶点，检讨往史，令人羞愧！”（黄奋生《甘青藏边区考察记·序》）

基于这种在当时知识分子和爱国青年看起来非常不堪的现实，在此情此景的 20 世纪 20 年代和 30 年代，“开发西北”的呼声日渐高涨。

怀着唤醒民众，开发西北，未雨绸缪，建设新国家、新家园的家国情怀，当时的各界有志之士，纷纷利用各自的资源，前往西北偏远之地进行多学科的考察。

据不完全统计，有一百多位各领域的官员、专家、学者，写作、出版了百余部西北考察的著作，形成了西北考察的热潮。

其时，在西北重镇兰州，有一位青年教师，从北京法政学堂毕业后，在甘肃公立法政专门学校任教。他就是我的前辈同乡、来自黄河岸畔循化的杨希尧先生。早在 1917 年，我深为崇敬的前辈杨先生，就参与了西北偏远之地的考察活动。

现在，呈现在读者面前的这本《青海风土记》就是杨希尧先生考察、撰写于 1917 至 1918 年；由“西宁区公署印局”印发于 1928 年；由新亚细亚月刊社正式出版（初版）于 1931 年（上海）；再版于 1933 年（南京）的名著《青海风土记》的百年后的重新影印、全书重排、注释疏通、补充有关资料的重订版新书。

原著《青海风土记》，是一部非常珍贵的考察记，写作于 20 世纪初期，迄今已经历经了一百多年的岁月的侵蚀和洗染，还在完整清晰地向今天这个时代奋勇前行的人们，彰显着百年前青藏高原的山川、社会和民族生活的生动情景。这是一部值得我们这个时代的人们用心阅读、研究、珍藏和承传的文化遗产。

杨希尧先生的这本《青海风土记》，是辛亥革命和新文化运动这两大历史事件的产物。

杨希尧先生参加辛亥革命、护法运动，作为“革命巨子”，遭到军阀迫害、通缉，亡命于青海，从而有此书的产生。这本书形成的过程也颇为坎坷，不同于一般游记、考察记和调查报告，作者是在非常艰辛的流亡状态下写出这本书的。

这本书写作的时间很长，用了近两年的时间。此期间，作者完全生活在藏族聚居区，在帐篷里、在马背上记录、写作，即使在各方面条件很优裕的今天，这样沉浸于生活中的写作方式，也是罕见的。这也使得《青海风土记》不同于一般的考察报告，更不同于一般的游记，而具特立独出的风格。

从文体上说，《青海风土记》跳脱当时汹涌澎湃的文学制作潮流以及文学创作的窠臼，从科学考察的全新的角度，以文学的方式作考察，呈现了那个时代特殊一隅的风光。

《青海风土记》全书十章，比较全面地涵盖了青藏高原少数民族特别是藏族社会生活的各个方面。

这本书的语言深受当时白话文运动的影响，口语化又不失典雅，生动活泼，画面感很强。

这本书在今天具有重要的现实意义。在青海民族大学的各类教学活动中和有关学术研究工作中，应该会成为引人瞩目的亮点，也应该会引起年轻一代特别是青年学生比较全面准确地了解我省在20世纪初期基本情况的浓厚兴趣。

《青海风土记》成书一百多年后，我的文学院同事刘钦明教授，提出了对这本名著重新发掘、整理、重订的美好愿景和具体方案，刘老师也为此做了大量的基础性工作。我和刘老师在多次深入讨论后，由此走到一起。我们卓有成效地努力工作，终于使这部浸染着百年岁月痕迹的名著，成为呈现在诸位读者面前，散发古朴气息的美好读物——《青海风土记》。

《青海风土记》经过几年的打造锤炼，最终得以由青海人民出版社出版。我作为本书的编订者，在此向青海人民出版社的领导和编辑表达万分谢忱之意。同时，我作为杨希尧先生不同时代的青海循化乡亲，生活在这个新的时代，手握精美书卷，遥遥回望百年前的青海，感到由衷欣慰。

是为序。

马伟

于青海民族大学文学与新闻传播学院

2020 年 12 月 18 日

序二

一百零二年前，即公元1918年，有一位30岁的青年，因在辛亥年参加了推翻腐朽帝制、建立全新共和国的光荣斗争，继而又从事了当局不能容忍的护法运动，遭到军阀政府的通缉。于是，他从大西北腹地兰州，开始了颠沛流离的逃亡生活。年轻人历经各种难以想见的艰难险阻，一路向西南，辗转来到了黄河上游——今天的青海省黄南藏族自治州和果洛藏族自治州这一片广袤的雪域高原。

这位青年才俊，就是我的外祖父杨希尧（字子高，1888—1971）先生。

外祖父于1888年（清光绪十四年）农历七月二十四日，生于循化（当时属甘肃）的耕读农人家。1904年，他16岁，入泮，考中秀才。1906年，他18岁，考入甘肃文高等学堂。在这所学堂，外祖父开始知道四书五经之外有科学，他读经史、读宋明儒学案，同时，也致力于学习科学。历经身体力行刻苦勤奋的五年时光,从这所学堂毕业。

毕业之际，适逢甘肃提学使陈曾佑主持官费学生选拔考试，外祖父应试中选，考取了北京的京师法政学堂，离开兰州，赴北京，进入这所著名的新式高等学校学习。

1911年,辛亥革命,当年23岁的外祖父,曾短暂回到兰州，做了临时甘肃省议会议员，宣讲先进思想，主张共和，践行革命理想。旋即，又回到北京继续学业。

1914年,他26岁,毕业后回到故乡,在兰州任教职、公职。

1917年，西北甘肃的革命党人奉孙中山之命，推进甘肃护法运动,拟定建立“甘肃护法军”,维护《中华民国临时约法》。其时，作为同盟会会员的外祖父和他的同志们策动新建右军在临洮起义。然而起义失败，甘肃督军设督捕局镇压，外祖父遂亡命青海牧区。作为孙中山共和制革命的拥戴者，外祖父以壮怀激烈的革命行动，被世人称为“甘肃革命巨子”。同时也开始了上文所述及的颠沛流离的流亡生活。

1918年到1920年期间，外祖父曾经游走在海拔高耸，自然、人文环境都极其严酷的青藏高原，历时近三年，过着非常人可以设想的流亡生活。后来，他曾以轻松的语调说：“民国七年（1918年）夏，我漫游青海，浏览山川，考查民俗，经一年多天气。”（《青海风土记·自序》）而实际上，当时的外祖父，或寄寓寺院，或栖身帐房，餐毡噬雪，颠沛流离，那种生活，乃是万般艰辛啊。

在流离奔波的同时，外祖父以古来读书人“读万卷书，行万里路”的气质和风度，效法郦道元、李时珍、徐霞客，在草原、雪地、帐房、马背上，孜孜不倦地记录了青藏高原各民族的社会面貌和生活情景。长时间的卓绝艰辛的游历考察，成就了他的卓越著作《青海风土记》。

外祖父的《青海风土记》，是20世纪初期在中国兴起的西北实地考察大潮流的先声之作。和同时出版发行的周子扬（周希武）先生的《玉树调查记》一样，它们的成书时间都在大批产生于20世纪二三十年代的同类著作之前，比它们早十年到二十年。

我做了一些搜罗的工作，虽然很不完全，但是也已经可以看到，当时的西北考察热潮中凸显的“青海考察”的重要作品，数量质量都是非常可观的：

《玉树调查记》，周希武（字子扬，1885—1928年）著。考察（调查）时间：1914年。出版时间：1931年。

《青海风土记》，杨希尧（字子高，1888—1971年）著。考察（调查）时间：1917年。出版时间：1931年初版；1933年再版。

《青海旅行记》，曹瑞荣（生平待考）著。考察（调查）时间：1918年。出版时间：1931年初版；1933年再版。

《青海西康一瞥》，刘虎如（作者资料阙如）著。史地丛书。出版时间：1931年。

《青海视察记》，马鹤天（1885年—？）著。发表于《新亚细亚月刊》1932年6期。

《青海西康两省》,刘虎如著。史地丛书。出版时间:1933年。

《青海现状之一斑》，黎小苏（作者资料阙如）著。发表于《新亚细亚月刊》1933年4期。

《到青海去》，顾执中（1898—1995年）、陆诒（1911—1997年）著。考察（调查）时间:1933年。出版时间:1934年。

《西北考察记·青海篇》，马鹤天著。考察（调查）时间：1935年。出版时间：1936年。

《甘青藏边区考察记》，马鹤天著。考察（调查）时间：1937年。出版时间：1947年。

除此之外,民国时期,主题为“(西北)青海风土民俗考察”的文章书籍，堪称汗牛充栋，数量庞大，随手可以举出的还有：

陶懋立：《青海探险》，载《地学杂志》1910年1卷6期。

生人：《气势沈雄威仪穆肃之青海祭海》，载《西藏班禅驻京办事处月刊》1930年2卷5—6期。

李自发：《青海羌民之婚姻》，载《新亚细亚》1931年2卷6期。

作者未详:《青海的婚姻概况》,载《西北评论》1932年1卷2—3期。

徐希朗：《青海游记》，载《方志》1933年6卷11期。

作者未详：《青海人民的婚姻养育和衣食住》，载《蒙藏旬报》1933年9卷1—2期。

卢澄:《青海之史地考》,载《开发西北》1934年1卷1期。

文郁:《玉树风土记略》,载《海泽》1934年2期。

董涵荣:《青海柴达木区风土谈》,载《方志》1935年8卷9—10期。

刘梅青:《青海两周游记》,载《新亚细亚》1935年10卷2期。

庄学本:《青海旅行记》,载《西陲宣化使公署月刊》1937年1卷9期。

予向:《到青海去》,载《湟声》1939年创刊号。

李得贤:《青海风俗杂记》,载《文史杂志》1941年1卷10期。

周子扬:《海南要区——玉树》,载《新西北》1941年4卷2—3期。

江源:《青海的风俗和民歌》,载《西北论衡》1942年10卷4期。

李式金:《玉树的民风》,载《西北学术》1943年1期。

卫惠林:《青海"王人"的婚姻与亲族制度》,载《中国社会学讯》1947年5期。

方家达:《静静的青海》,载《甘肃民国日报》1947年8月8、10、13日3版。

晁映玺:《青海海晏县之习俗》,载《昆仑报》1948年6月11日3版。

振夫:《玉树——康藏高原之枢纽》,载《和平日报》1948年10月31日2版。

天牧:《青海风土人情》,载《旅行杂志》1949年23卷11期。

这些著作记载的考察成果，涉及青海的行政、经济、山川地理、矿产资源、宗教、教育、民俗、风土人情等多个方面，基本都是“科学加文学”的新型文本，在中国文化历史上当属罕见。

然而，无论是官方色彩浓厚的调查，还是采访记录的新闻、学术研讨的著述，受制于各种软、硬件，都只能侧重于概括抽象，不免失之于浮光掠影。

但，《青海风土记》这部著作，有别于同时期诸多的专为调查考察而作的文本而独树一帜。这部著作，如上所述，是以行路为著书的坚实基础，是作者长时间（为逃避通缉而长期滞留）的亲身亲历亲为，参与、观察、经验、体味、记载的结果。外祖父用一年多时间，用融于当地民众生活的方式——拿后来的一种形象传神的说法，是真正“下沉到基层”“深入到群众之中”“同吃、同住、同劳动”——来写作的。所以无论是历经时间还是使用方法，都远远超越了一般意义上的“田野作业”。

著名学者、民国初年青海政界要员周希武先生评价《青海风土记》说：“以社会学的眼光，写实派的笔墨，刻画青海习俗，淋漓尽致。其材料皆得自目验，故与世之专采风闻者，颇有肤切之异。”“得自目验”，的确是《青海风土记》的鲜明特色。周先生还谦虚地说，他的著名青南考察著作《玉树调查记》的风俗部分，“远不如杨君之详明”。

外祖父在艰辛的流亡中，完全掌握了藏语，可以自如地和藏族人交谈，他能理解体会到藏族社会里人们“意会而不能言传”的微妙，以及藏语的“言外之意”。例如对于社区的重要活动“演讲”的准确透辟的介绍分析；例如他对于藏语最简单的某个叹词的精准理解；例如他不但可和藏族妇女聊天，甚至可以和她讨论“鸡兔问题”（数学游戏）……迄今为止，我们所能见到的使用汉语写作的藏区考察报告，都达不到这个水准。

《青海风土记》全书共十章、三十六节：

婚姻第一（四节）

养育第二（二节）

衣食第三（八节）

居处第四（七节）

职业第五（四节）

集会第六（二节）

物产第七（一节）

宗教第八（五节）

丧葬第九（二节）

杂记第十（一节）

另有序言三篇、插图（照片，含封面照片）九幅、图片说明七则（含封面说明）。

外祖父在本书“自序”中郑重说道：“学士大夫，动辄说出洋留学，模仿外国人，固然没有什么不是，然使不知道自己，纵学得外国，也无济于事。譬如本国的事物是材料，外国学来的是各种方法。现在连材料还认不清楚，即使有了方法，从何下手呢？所以人家往外跑，我往里跑；人家向文明地方去，我向野蛮地方去，人家写旁人的奇巧，来供献自家人；我写自家的实情，来给大家研究。这是我写这本风土记的本意。”

不去出洋留学，而是往家里走，写“自家的实情”——外祖父的家国情怀，溢于言表。《青海风土记》充分体现了作者作为继承了我国古代士大夫逸风的现代知识分子的绵长深沉的爱国情怀。

本书原第一序言的作者说：“在我却以为，骑上一匹马，奔驰在苍苍天、茫茫地的当中，实在含有无限的诗意和艺术美在里面……”（林竞《青海风土记·林序》）真乃古士大夫逸风，飘逸潇洒如此。

外祖父著作的叙述语言，通脱畅达，鲜明生动。这种出于文言而优于文言的白话文，是20世纪初年，中国新文化运动中的白话文运动的重要实践，从运用新白话文的科学考察著述的角度看，是非常难得的。

全书以白描细节见长，内容扎实丰沛。

遥远的一百年前，繁衍生息在青海地区的番族（对青海世居民族——特别是藏族的泛称）的广阔而细微的生活情景，鲜活地呈现在这本著作中。

——藏族隆重的婚姻，自始至终唱着歌儿进行。新嫁娘的品质，以歌声来衡量，这是百年后花天酒地、重金聘礼的婚姻相形见绌的真实浪漫。境界之高下，毋庸多言。

——交易诚信，青海民族根本就不懂得还有坑蒙拐骗；

温暖的太阳下，相互的抚慰、语言的风趣，幽默感的满足，就是他们快乐的源泉。读到这里，我们今日之人也欣然领悟：无须刻意填满物欲，也能获得由衷快乐。

——部落的集会演说，是最重要的社会活动，人人踊跃发言，个个追求演说技艺。谁说得好，就照谁的做！这不但遏制了独裁专断，甚至也超越了简单“少数服从多数”，乃是更加先进的言论自由和参政议政之民主。

——青海的物产，全都是人们艰苦辛勤的畜牧劳动的产品，青海民族绝不掠夺自然、杀鸡取卵。淳朴的藏族，是大自然的子民。他们尊敬天地万物，认为众生平等，万物有灵。他们不会想到：山峦草原之上，会出现愚昧地以为取獐子睾丸可以“包治百病”，因而导致这种动物灭绝以及“杀藏羚羊取绒”“滥挖冬虫夏草”之类的恶行。

——诸如一左一右抱着孩子和羊羔，善待羊羔如孩儿的美丽藏族母亲形象、雪夜安眠、饿牛奔食、草山迁徙、遭遇“强人”等情景，描述生动，使读者如临其境。

——通篇文风儒雅而通俗，用语考究。既有“山阿水干”“敦伦”等文言词语，又有“两造”等严肃的法律用语，还有“腰来腿不来”等方言口语。有请读者诸君，细细品读体味。

在20世纪初中期，《青海风土记》出版后，当时就有学者对该书作了评述介绍。1943年的《中央亚细亚》第2卷第4期“近代国人中亚研究之回顾”专号《近代国人康藏旅行之概述》载有杨希尧（子高）的旅青事迹和著述。可见，至少当时在南京、上海和西宁，本书引起了读者的广泛关注。

《青海风土记》产生的影响是广泛深远的，当时的几种重要的教科书、调查报告和地理研究文本中，凡是涉及民俗的部分，多采取本书的叙述角度、结构方式甚至直接引用其文句。

20 世纪 50 年代初期，外祖父将积累收藏的包括《青海风土记》和他老人家亲手拍摄、冲洗、印制的记录青海建省前后 20 多年省内重大活动以及有关青海风土地理的照片在内的大量珍贵资料、古籍图书、现代丛书，悉数捐赠给了青海省图书馆。不意，却在 50 年代中期的青海省图书馆火灾中被焚毁殆尽！

《青海风土记》毕竟是百年前正规出版物，尚属万幸，国内各省城图书馆及著名大学图书馆似有馆存。经我二姨娘杨恪女士多方寻得并复制，我等后人方知此书不但仍然在世，还将得以流传。

悠悠一百年，只在须臾间。1929 年，青海建省；1949 年，青海省解放，外祖父作为青海省人民政府委员，在中华人民共和国的建设事业中，发挥了重要作用；1971 年，外祖父溘然长逝，享年 83 岁。

值此《青海风土记》撰写一百年、出版发行近九十年、外祖父诞辰一百三十年之际，在母亲杨忱老人家的关心、指导、督促下，我和几位兄弟姐妹子侄，把全书逐字录入电脑，反复校勘，做了必须的注疏，辑录成此书。

我的同事——青海民族大学文学与新闻传播学院院长马伟得知我的工作情况后，立即给予我非常及时、重要、有力的支持。经马伟院长提议，学院把此书的出版工作，列入了青海民族大学文学与新闻传播学院的学术研究和学科建设工程序列。马伟院长不但为重订本作序，而且承担了重要的编务和一些具体的编辑工作。我们合作得非常愉快。

谨以为序。

刘钦明

于青海民族大学·明园书院

2020 年 12 月 28 日

目录

插图

土人妇女

青海民族复杂。约别之为汉回蒙番土五族。此系西宁县东北一带之土人妇女，服装奇特。此族自认为沙陀国李克用之后。

约别之……五族，意为“大略区分”为汉回蒙番土五族，以土族替换了民国初期“五族共和”政治学说中的满族，符合青海实情。中华民国第一面五色国旗即代表汉族（红）、满族（黄）、蒙古族（蓝）、回族（白）、藏族（黑）五族。

西宁县东北一带，即今青海省互助土族自治县。

沙陀族乃西突厥诸部之一，名为处月，分布在金娑山（今新疆维吾尔自治区博格多山，一说为尼赤金山）南、蒲类海（今新疆东北部巴里坤湖）东，名为“沙陀”的大沙漠一带，因此号称沙陀突厥，简称沙陀。此处沙陀国，抑或指此。

李克用（856—908），字翼圣，本姓朱邪，唐朝皇帝赐姓李氏。唐僖宗中和元年（881 年），李克用率沙陀军南下剿灭黄巢，因功授河东节度使。唐乾宁二年（895 年），再度率军勤王，因功封为晋王。李存勖建立后唐后，追谥为武皇帝。

土族历史悠久，但族源问题至今尚无定论。大致有蒙古人说、吐谷浑说、蒙古人与霍儿人融合说、阴山白鞑靼说、沙陀突厥说、多源混合说等。

果洛番族

此族最为凶悍，以掠夺为能事。往拉加寺以西黄河一带尚有食生牛肉者。此图中立者系果洛番女王，前坐者系其承嗣之子，左右乃其近侍。

拉加寺位于今青海省果洛藏族自治州玛沁县东北部黄河北岸的拉加乡阿尼群贡山下，距州府大武镇76千米。

果洛藏人居住的班玛本部落地区，历史上曾有一个女王部落显赫一时。该部落第四任女王是斯吉卓玛（生卒年不详），生女鲁德（1903—？）。斯吉卓玛死后不久，即由鲁德执政，成为第五任女王。她曾被迫带领三百余户逃往邻近的河南蒙旗（青海省黄南藏族自治州河南蒙古族自治县）。鲁德去世后其弟然洛多吉执政，其时应该在20世纪中期，其部落下属三十个小部落，一千多户人家。

此处“果洛番女王”应指第四任女王斯吉卓玛或第五任女王鲁德。

农　人

西宁县，后子河村农产甚富，唯所用农具极为笨拙。

西宁县，古称青唐城、西平郡、鄯州。1929 年青海建省后成为省会城市。

后子河位于青海省西宁市北川，距市区约 19 千米。

西宁处于湟水及三条支流交汇的河谷盆地。开发历史悠久，土地肥沃，日照充足，灌溉便利，无旱涝灾害。气候宜人，农民纯朴厚道。古城之四周，麦浪滚滚，瓜果飘香。西宁地区在历史上被称为“米粮川”，也是历次内地灾民逃荒的主要目的地。

此图显示的后子河为西宁周边丰饶乡村之一。

商　人

青海盛产皮毛，商人屯买，贩运至平津出口，岁值甚钜。以全牛皮为袋，实以皮毛。联袋为筏，由西宁湟水起运至甘肃，入黄河，即可直至包头。每筏可载皮毛二万斤。

青海盛产皮毛情况，请参见本书“物产 第七”所述。

平津，指北平、天津两座城市。

岁值甚钜，每年都有丰厚的利润。钜，同“巨”。

皮筏子古称“革船”，是古老的水上交通工具。用羊（牛）皮筏子载客渡河、运载货物这种交通方式，流行于青海、甘肃、宁夏境内的黄河沿岸，以兰州一带为最多。

在青海境内的湟水河下游，几至湟水汇入黄河的民和一带，才有实用的皮筏运输业。

洞阔尔寺

在日月山北麓，距察汉城四十里，距离海约八十里。清时祭海均以此为馆驿，各王公皆集此迎候。僧侣约二百余。

洞阔尔寺亦称“东科尔寺”，全译藏语原名“洞阔尔佛教讲修洲”，属藏传佛教格鲁派寺院。寺址在湟源县县治西南约30千米处的日月乡寺滩村。乾隆二年（1737年），寺院建成后，乾隆皇帝特赐金匾“特普天邪丹书林”，又赐名“嘉善寺”。清廷特定洞阔尔寺为钦差大臣每年七月十五日祭海会盟之所。由此洞阔尔寺声誉日著。

日月山属祁连山脉，长90千米，海拔最高为4877米。日月山位于我国季风区与非季风区的分界线上，地处黄土高原与青藏高原的叠合区，是青海省内外流域的天然分界线，也是农耕文明与游牧文明的历史分界线。

察汉城，距青海湖东岸25千米，建于汉代，建城时地处湖滨。可见两千年来，东岸湖面已退缩25千米，水位下降约100米。

番民敬神

番族信神甚深，有从拉萨叩至塔尔寺者。大金瓦殿前用坚实桦木铺地，据云木板磨深至三寸余，每年一换。有每日叩首至三千者，至少亦须三百方为及格。叩十万头为整数。叩必五体投地。

从拉萨叩至塔尔寺者，指实行最至诚的礼佛方式“磕长头”的藏传佛教信仰者。“磕长头”的动作是五体投地匍匐，双手前直伸，每伏身一次，以手划地为号，起身后前行到记号处再匍匐，如此周而复始。

很多藏传佛教的虔诚信仰者都会不远千里，数月经年，风餐露宿，朝行夕止，不折不扣，矢志不渝，执着地“磕长头”向目的地（圣城）进发。

帐　房

挡风避雨、遮阳保暖的帐房，曾经是藏族人民唯一的居所。

藏式帐房遮盖的面积较大，但是不及蒙古包严密。

帐房主要材料是牦牛毛。先用牦牛毛线织成宽20多厘米、长6米多的毪子，再把数十幅毪子缝制成两大片长方形的帐篷布，然后把两幅帐篷布用10多个扣环连接起来，就形成了帐房。

帐房内没有隔断。帐篷内面对门，左为阳帐右为阴帐。藏族以左为尊，招待客人都在左侧。

帐房的中央是火塘，火塘后面有木箱做的佛台。佛台上供佛像、经书，或置酥油灯、净水碗。

野马群

野马，体长约210厘米，肩高约110厘米，尾长90厘米，体重350千克。头部长大，颈粗，耳比驴短，蹄宽圆。外形似家马，但额部无长毛，颈鬃短而直立。夏毛浅棕色，两侧及四肢内侧色淡，腹部乳黄色；冬毛略长而粗，色变浅，两颊有赤褐色长毛。栖息于山地草原和荒漠。性机警，善奔跑。一般由强壮雄马为首领结成5—20头马群，游移生活。

林序

杨子高先生著《青海风土记》，要我做序，我把要说的话写在下面：

我们要想革命成功，国家富强，〈必须〉人民对于促成国家文明进步的各种观念，平衡发达，然后才好。虽说在革命时代，力量要集中起来；但不必一定要各种艺术家、文学家、科学家、个个跑到战场上去，抛炸弹，放手枪，或者个个拿起笔来，终日不断写“牺牲！努力！奋斗！打倒！”就算完事。总要个个努力，分工合作，殊途同归，一齐都归到革命成功的标点来，那才对。所谓“破坏勿忘建设”也就是这个意思。我们近来很觉得一般人都

林竞（1894—1962），名维瑞，字烈敷，浙江平阳（现苍南县）人。毕业于日本东京政法大学。民国时期曾任甘肃省政府委员兼民政厅厅长、青海省政府委员兼民政厅厅长、浙江省参议会秘书长。著作有《西北丛编》《新疆纪略》《西北旅行记》《中国必能复兴》等。被称为“民国时期西北拓荒第一人”。

喜欢望〔往〕热闹的地方跑去，于是东南便拥挤得要出汗，西北便冷静得要出鬼。在文字方面，也是说理的多，而写实的少；消遣品多，而应用品少；谈政治问题的多，谈社会问题的少；优美华丽的文字多，平淡严肃的文字少。像此种畸形的发达，纵然革命军把全国都统一了，我们仍未敢相信革命的基础算稳固。所以我常说：我们总要常常存一种“人弃我取”的心。这是什么意思呢？就是劝人不要向热闹地方去，要向冷淡的地方来；不必向光明地方去找光明，要到黑暗地方去求光明；不要只向破坏一边去，要分些到建设一边来。换言之：就是人家所愿走的路，我不一定走；人家所要吃的饭，我不抢着吃；人家所要做的事，我不要争着做。我们要做弥补缺陷的工夫，不要享自然现成幸福；要存创化的、礼让的、牺牲的精神，不要有因袭的、掠夺的、堕落的行为。《青海风土记》的著者，和《青海风土记》的性质，都暗合我平日所主张，而都免了中国今日所患的毛病。这就是我极为欢慰的一件事。

人类是充满了惰性的，“人弃我取”的修养是不容易的，尤其是现在中国的一般人。走过青海的人，总觉得住不惯那种挡不住风雪的黑牛毛帐房，吃不惯那种三分兽粪七分白面的糌粑，闻不惯那种由人畜身上分泌出来而化合的一种怪味，听不惯那种叽里咕噜的番话和那种牛鸣狮吼的诵经声，看不惯那种面目狞狰、终身不浴、裸臂露腿的男女，走不惯那种自有地球以来未经人工修理的道路。

在我却以为骑上一匹马，奔驰在苍苍天、茫茫地的当中，实在含有无限的诗意和艺术美在里面；同时又觉得凶暴的帝国主义者，要把美丽的河山一口气吞进去，而盘踞此间的弱小幼稚的同胞，又要随天演以淘汰，反使我发生了无限的热情，一直只想望〔往〕里面冲。同胞！你们满身都挤出汗来了，赶快到青海去透透风吧！《青海风土记》就是你们（的）一个指南针！

时代的流转是不等人的，文字价值是跟着时代走的。民国五年我去新疆，回到内地谈起西北两个字，听的人十个倒有九个要瞌睡。民国七年我著了一小本《新疆纪略》，商务印书馆恐怕无人买，也就不肯代售。然而十几年来，〈在〉各处和许多同志们天天叫喊着“开发西北！开发西北！”到了民国十三年以后，居然叫醒一部分人到西北来了。而开发西北的文字也就不断的见面〔面世〕。书馆的老板们对于此种文字想必亦不至拒人千里之外了。

《青海风土记》听说是民国七年著的，在家里居然睡了好几年，一直到现在，才可怜怜的付与西宁区公署印局去印，实未免使我有《新疆纪略》的感想！但是时代的神已经来了，文字的价值要跟着时代转了。请看！不到十年，内地一般大爷们都把赤地刮光了，剩下一息尚存的疲弱民众们，非跟着东南风吹向西北来是不可的了。尤其是革命成功后，军队遣散的问题是非找西北来安插不可的。《青海风土记》的著者呵！你静心耐着吧！你再不断的努力向前进吧！

民国十七年二月一日

浙东行者林竞序于甘肃西宁区行政长公署

周序

余友杨君子高，甘肃革命钜子。民六大道之案，君在被捕之列，遂亡命青海，寄食番寺，餐毡噬雪，艰苦备尝；并以其间调查番族风俗，著为此记。事隔十年，始出以示余。余略读一遍，见其以社会学的眼光，写实派的笔墨，刻画蛮俗，淋漓尽致。其材料皆得自目验，故与世之专采风闻者，颇有肤切之异。其记述全出自心裁，故与世之剽盗掠名者，大有死活之分。余十余年前，亦游历青海南部，曾著《玉树调查记》；其中风俗一部，远不如杨君之详明；故敦促付印，并为此叙，使世之研究西北边事者，知有杨君子高云。

民国十七年天水周希武叙于湟中

周希武（1885—1928），字子扬，甘肃天水人。曾任甘肃省立第四中学校长、西宁县县长、青海公署秘书、总务处长等职。著作有《玉树土司调查记》（后称《玉树调查记》）、《宁海纪行》《边事纡筹》《湟中随笔》《记室偶存》等。1928年7月，由西宁赴省城兰州公务途中，遭遇武装劫击，遇难身亡。

自序

民国七年夏，我漫游青海，浏览山川，考查民俗，经一年多天气。说他蛮野，的确有可采的地方；说他文明，可是他又非常蛮横。实系才离〔从〕图腾社会进步到部落游牧时代。不过无论如何，既属我国土地的一部，总不可不知其底细。

学士大夫，动辄说出洋留学，模仿外国人，固然没有什么不是，然使不知道自己，纵学得外国，也无济于事。譬如本国的事物是材料，外国学来的是各种方法。现在连材料还认不清楚，即使有了方法，从何下手呢？所以人家往外跑，我往里跑；人家向文明地方去，我向野蛮地方去；人家写旁人的奇巧，来供献自家人。我写自家的实情，来给大家研究。这是我写这本风土记的本意。

杨希尧（1888—1971），字子高，青海循化人。《青海风土记》著者。详请参阅本书附录之二《子高先生事略》。

婚姻 第一

婚姻 第一

青海民族的嫁娶婚

這種婚姻，當初由媒人、兩家父母和男女本人，當面說好，也不行什麼禮節；兩家只預備嫁娶。女家請一位會唱的老婆教女兒唱歌。學習歌唱時，恐怕肉類害了嗓子，只吃些牛乳素食。原來青海女子，自從會說話就學唱歌，到出嫁時候，也沒有不會唱的。不過家中老

青海民族的嫁娶婚

这种婚姻，当初由媒人、两家父母和男女本人，当面说好，也不行什么礼节。两家只预备嫁娶，女家请一位会唱的老婆教女儿唱歌。学习歌唱时，恐怕肉类害了嗓子，只吃些牛乳、素食。原来青海女子，自从会说话就学唱歌，到出嫁时候，也没有不会唱的。不过家中老人，怕唱的不迎人，所以出嫁的两三月前，不能不有这番举动。经过这一次学习，当然越好了。到了吉期，男家的亲族邻右人等，拿着布匹茶叶等件，赶着牛羊马匹，——这些东西，因贫富多少不同，但没有不用的。——到女家去迎，女家又有些人来送。新娘骑着马，放声高歌。她的声音，又婉转又清脆，令人听着不厌。所唱的歌词，夸两姓之好，伸谢傧相，写风景，抒心愿，决不涉及淫邪。至于歌的体裁，和中国古诗与比赋三体[1]，大致相同，而尤由以比体为多。沿途听的，送迎的，就以她所唱的歌，断定她性情的好歹，智力的强弱。及到了男家，也不行什么礼。男家大开筵席，请男女老幼，露天圜坐——夜间坐在帐房底下，每人送冷酒一碗，旁边排着酒瓶数十个。主人并不劝酒，

[1] 比赋三体，缺失“兴”字，应为“……和中国古诗与比赋兴三体”。赋比兴是《诗经》的三种主要表现手法，也是中国古代文论对于诗歌表现方法的归纳。

随意自饮，更无肴馔佐酒的东西，一味以唱歌取乐。女子唱时，手持男子高帽，一面歌，一面舞，由本人的座位起，以次历各人面前，逢着意中人，将帽置之怀中。那男子便起身答唱，仍将高帽搁在能唱的女子怀中，那女子又复起身答唱。循环往复，没有终止的时候。初则喜曲，继则变为酒曲，终则淫词邪调，冲口而出。此时年老人多半散去，若有不愿意去的，看见女儿或妹妹唱歌，觉得不好意思，便低着头躲到人群中，装着听不见、不愿听、不忍听的样子。若是夫妇关系，那就不成问题，仿佛西洋人让座，偏把夫妻分开，坐在旁的男女跟前，大家不分你我似的。如此闹到半夜，每人散给半生半熟的牛羊肉一方，各人抽出腰刀，一块一块割着吃。吃不了，兜着走，算是一段婚姻成就了。明天各作各事，什么“三天”“弥月”[1]，他们是全没有的。

青海民族的赘婚及重女轻男

青海人性情强悍，喜饮酒，好杀人；杀了人决不偿命，不过赔赔[2]命价。因是倾家荡产的，不计其数。但作这些事的，都是男子，女子是决没有的。又男子游手好闲，不作生产事业；生产事业，认为女子的天职，所以他们有了女子，不愿叫她出门；生了男子，千方百计，叫他脱家离门，免得惹祸招灾。青海盛行赘婿，全是这个原因。赘婿便是女子找个男子作她的丈夫。男子出去，又给她家女子作丈夫。这样一来，赘婿

[1] 弥月，满月，也可作“蜜月”。

[2] 赔赔，可作二解：其一，动词叠用，减弱语气，意为“略作赔偿”；其二，赔字为偿字笔误，应为“赔偿”。

就没有处分财产的权限，仰着老婆的鼻息，过他的日子。不轻易生事，财产就保得住了。至于结婚的仪式，是和娶婚一样，不过不送聘礼罢了。

青海民族的任意婚

父母爱惜他的女儿，不忍叫她出门；家中没有男子，留她立门当户。女子担任家务，异常劳苦。父母为着财产，不愿叫她出门。若是招了婿，又恐怕仍免不了祸水，于是想出一种特异的婚姻方法：等女子到了十五六岁，便把女子的发辫改作妇人的发辫，认为业已成婚。于是生男养女，一如平常妇女，也不问由哪里来的。所以生下子女，不知哪个是他的父亲，连他的母亲也说不清是哪一个，这叫做任意婚。

自由恋爱

青海人民，把男女私交，看的不甚紧要。所以男女自由恋爱，毫无忌惮，也不知羞耻贞洁为何事。一夜缠头[1]，不过洋布一丈。他们父母又认为一种生产事业，挣得布来，逢人便说。女子年至十二三，已非完物。有人奸污十二三岁女子，从没有听见他的父母认为强奸，兴师问罪的。男子又十分豁达，娶妻不问完璧与否。老婆有了孕，正正堂堂，生了下来，她的丈夫也不去算算月日，果否相对。红泛桃源时，更不知禁止。堕胎避孕，又是梦想不到的事了。青海人民，又把男女居室

[1] 缠头，原指歌舞演出结束时，客人赠艺人的锦帛，后作为送给艺人礼物的通称，又引申为给予歌妓的酬资。此处为“借代”修辞手法。

的一事，当作不可缺少的一件事，所以没有娶妻、没有嫁人的，都有情人。山阿水干[1]，无处不可幽会，男子与女子终日游戏，没人干涉。要是见了旅客独栖，以为孤独生活，系世间最苦的事，他们会行方便，介绍一个妇女作伴。万一不得相当妇女，就是自家老婆，也愿相假[2]。头目人等，夜夜引他人妇女来侍寝。不然，就觉得不威风了。

[1] 山阿水干，文言词语，即“山岭河岸”。

[2] 相假，给予、借给之意。

养育 第二

養育 第二

□小兒養育之容易

□小兒之近手好開

小兒養育之容易

青海婦女有了孕，決不像內地婦女以爲不得了，什麼事須家人扶持，還要藥餌調養，終日睡在床上，動也不動。她却是行無所事，工作一如常日。所以到了生產的時候，非常容易，往往在山中牧羊，生下小兒，置之懷中；若是恰巧遇着母羊生下羔兒，也是置之懷中；一左一右，帶回帳房，便把孩兒羔子，抛在地下。於是又去取水作飯，作其他工作，毫無爲難情形。孩子身下鋪張羊皮，上面再蓋上一張，已是洞天福地；啼哭任他啼哭。母親日間只喂兩三次乳子，算盡了作母親的責任

小儿养育之容易

青海妇女有了孕，决不像内地妇女以为不得了，什么事须家人扶持[1]，还要药饵调养，终日睡在床上，动也不动。她却是行无所事，工作一如常日。所以到了生产的时候，非常容易，往往在山中牧羊，生下小儿，置之怀中。若是恰巧遇着母羊生下羔儿，也是置之怀中，一左一右，带回帐房，便把孩儿、羔子，抛在地下。于是又去取水作饭，作其他工作，毫无为难情形。孩子身下铺张羊皮，上面再盖上一张，已是洞天福地，啼哭任他啼哭。母亲日间只喂两三次乳子，算尽了作母亲的责任。到了两三岁，自己能行动时，用毛绳一根，缚在小儿脚胫骨上，绳子呢，又栓〔拴〕在帐房柱子上。相传有好些小儿，因为没有把他拴住，自扒〔爬〕到灶子旁边，掉下火炕，脑袋烧了一大片，还有烧死了的，所以用这种法子。我们常常看见，一面拴着小孩儿，一面拴着牛犊儿、小羔儿，儿女跟牲畜一样看待，煞是可笑。中原落魄的人，往往留落在青海地方，穿他们的衣服，说他们的话，吃他们的东西，

[1] 什么事须家人扶持，今文当作“无论什么事都须家人扶持”。

找上几味不关痛养〔痒〕的药物，为人看病。小孩生天花[1]，就请这些人乱种[2]。他的运气好，一部落的小儿安全出过了[3]，就发一注小财；若是运气不佳，弄死一个小孩，满部落的人同来问罪，一阵乱打，那大夫免不了头破眼瞎，抱头远飏，不是饿死，便是冻死，再不然也要被虎狼吃死，休望生还故乡。可是他们的小孩自然出花[4]，或是得病死了，他们只说是天意，把尸首抛了出去，不见得多么痛苦。

小儿之游手好闲

女儿长到十一二岁，跟着她母亲一块儿做事；男子便活[5]到十五岁，也不管事，一定要到了二十岁左右，娶了妻小，到了人家当了赘婿，然后一心一意做男子生涯。至于小儿衣食住，跟大人一样，兹不重述。又青海民族父兄对于子女，没有什么教训，小儿也没有什么学习。所教所习的，只有一件，就是唱歌，教的勤苦，学的勤苦，这也算是青海民族的一种特性呢！

[1] 天花，由天花病毒引起的一种烈性传染病，表现为严重的病毒血症及接连出现的各阶段皮疹，皮疹最后以脓疱、脱痂及瘢痕形成为特征。

[2] 种，指接种于人体以预防天花病的牛痘苗。

[3] 出过了，即“安全出过了天花”，实际上是没有罹患天花病。

[4] 自然出花，不接种牛痘苗而生天花病，谓之“自然出花”。

[5] 便活到……，意为“即使长大到……”。

衣食 第三

衣　食　第三

青海民族的衣服

青海內部只有一二處天氣稍爲和暖，其餘均爲寒冷地方；雖在盛夏，山上常有積雪。所以他們的衣服以皮衣爲宗，終年不大更換。稍有財產的，夏月穿穿薄毛皮衣，普通人多夏都是長毛皮衣。這種長毛皮衣，用老羊皮作成，間有用粗洋布作面子的，但亦不常穿。家產富

青海民族的衣服

青海内部只有一二处天气稍为和暖，其余均属寒冷地方；虽在盛夏，山上常有积雪。所以他们的衣服以皮衣为宗，终年不大更换。稍有财产的，夏月穿穿薄毛皮衣，普通人冬夏都是长毛皮衣。这种长毛皮衣，用老羊皮作成，间有用粗洋布作面子的，但亦不常穿。家产富足的人、头目人等，用缎子打面子，外面既系缎子，里面就用薄毛[1]，决不用老羊皮。纵使天气过冷，他还是不穿长毛，只管一层两层套着薄毛皮衣。有时冻的不得〔可〕开交，亦只咬着牙关硬耐，以为体面攸关，穿了长毛，怕人耻笑。衣服的颜色，最欢迎红黄紫三种，间有用蓝色的、黑色的，灰白色差不多认为禁用品。又，缎子和布匹，是由内地商人手里拿羊毛皮子来换的。做衣服的羊皮，是自家产品，用不着交换。

男子的服饰

青海民族的衣服材料，前边业已说过，无论老少男女，都是一律。可是他们衣服作成方法，男女大不相同。男子衣服，

[1] 薄毛，指羊羔皮。

圆领长袍，袖与身，长均及地，异常宽大，展开来仿佛一床大被。光着身子穿、上边没有纽扣，用一根带子束着。下摆提至膝盖上边，上半截衣服隆起如口袋。这也有用意：第一走路方便，困不着腿子；第二如有携带的东西，便放在衣服里，省得提携。因为膝盖以上有皮衣遮护，以下有长腰皮靴暖腿，所以皮衣底下，只穿一件单裤，春夏不换。靴用牛皮作成，靴腰有用布的，有用皮子的，赤着脚儿穿着。夏天不用这种皮靴，都是赤脚。帽子高圆尖顶，里边用毡，外边用布，周围缘着羊皮、狐皮。衣服缘边，也是这样。有钱的，有用五分宽带针的獭皮。獭皮一去了针[1]，他们就不认识了。所以他们见了我的外氅领子决不信是水獭。他们说："第一领子上没有长毛，第二水獭皮价值不小，也没有像这样整个儿用的。"他们到了夜间，没有被卧，身上穿的衣服就算被了。没有枕头，用一块石头，上边衬着单裤，就算枕头。身上铺着两张生老羊皮，觉得舒软暖和，就算褥子。

妇女的服饰

妇女衣服，也是圆领，身长及地，袖子甚短，刚及手腕，为的便于作事。腰身较男子衣服略窄。裸体穿着，不用衬衣，更不穿裤子。腰束布带，前后心不作口袋模样。下摆及地，形式上便与男子不同。头上非出门不戴帽子。帽子较男人的略小，形式一样。脚上冬天穿皮靴，夏天赤脚。靴子男女可共用。妇女头上编着几百根发辫，约一两月梳洗一次，每次

[1] 獭皮一去了针，"去了针"，意为"不用针线缝纫拼合"。

总得一天工夫。因为辫子数儿过多，急切梳洗不了。上边挂上银子的首饰，整个的玛瑙石。耳上带环子，大小轻重有各种形式，简直是内地妇女的钏子了。此外还要垂着两串珊瑚，有真的也有假的。前身带子上，挂着半斤重铜钩，钩上有粗布手巾一方，后边发辫下垂，也拴上多少银子、石头等东西，以为美观。衣服明披夜盖，跟身子一样[1]。惟无论冬夏，常袒着右臂，露出右乳房。到了夏天过热，便把上半截衣服脱下去，自肚脐以上，露出在外，险些儿变作了模特儿。最可笑的，黝黑的皮肤上，垢腻层层剥落，除了有病的时候到温泉里洗澡外，一辈子不会洗浴。每天早起用茶碗盛着半碗冷水，蘸着洗脸；若在冬天，脸也尚未洗完，碗边上已经冻结了冰块，因为她们既用冷水洗脸，又须在帐房外面，所以冷的非常；且不能多洗，多洗被冷风吹着，连气都上不来了。她们洗脸洗手，不知是何意思，要是为着干净，可是洗完了以后，垢腻仍然存在。有一日主人的妻子为我作面[2]，那个女人曾到过西宁边境，所以会作面；其余的妇女，都不知这种作法。她特意洗了再洗，不料不洗便罢，一洗反把垢腻泡软，到和面的时候，一块块直掉落在面上，黑白分明，格外显眼。我用番话嘱咐她去了[3]。又不料不说尚好，一说她觉着不好意思，连忙把垢腻揉到面里，终究免不了还吃到我肚里去。呀，真正可怜！

[1] 跟身子一样，意谓由于昼夜穿着衣服，致使衣服和身体是“一样”的了。
[2] 作面，揉面做饭。
[3] 嘱咐她去了，意为“让她把……剔除出去”。

青海民族的饮食

他们吃的东西，大宗是肉类——有完全吃生肉的部落，小宗是炒面。其余的东西，就是牛乳的各种产品。肉类系牛羊肉，猪肉是绝对不吃。牛羊是自己生产，不容外求。不过只要是肉，就拿来吃，决不像内地的人定要吃什么肥的、羯的、好的、新鲜的，还要用刀子杀了的。吃的方法，除了生吃，就是煮着吃；更不像内地人有炒、煎、炖、煮、烧、黄焖、清蒸的许多法子。炒面是用羊毛和皮子由内地中换去的青禾[1]——形似麦，色黑，内地人认为杂粮之一种。——在锅内炒熟，再用手磨推作面粉，便成炒面。每顿饭时，先喝茶，喝茶十足，然后在碗内搁一些面，拌而食之。牛乳制成的东西不少，比方酥油、酸乳、胶乳、乳渣、乳饼、乳饭等等，算是美味，非充饥要品，所以他们十分珍重。他们吃饭情形，每天清晨起来，用粪烧茶一锅；——砖茶及松潘茶——男女围着灶头两旁坐下，主妇在各人碗内放酥油一片，炒面一撮，盛茶给大家饮。且饮且谈，经一两时之久，各人茶已喝足，这时酥油因浮在茶面，也被喝完，炒面仍沉在碗底，各人将碗交给主妇，主妇从双格木匣中——一格装酥油，一格装炒面——再取酥油一大片，炒面一大撮，搁在碗中，交付各人用手拌搅，炒面酥油融成面泥，然后徐徐吃之。吃了后再喝茶一二碗，起身作事。一日之间，每隔一二小时，照前次方法吃炒面一回。有出帐作事的人，定要他喝上些茶，吃上些炒面。甫经回来，也照样饮食一次。有客到帐房来，也拿这些东西款待。若是尊客到来，格外给一块馍吃。——

[1] 换去的青禾，“换去”应为“换取”，“青禾”今为“青稞”。

馍是由内地带去，经年搁在帐房，其干非常；因为天气寒冷，虽是经年，也不会坏。余每饮——内地每吃必饭，故云吃；青海人多饮少吃，故云饮——主妇给馍一块，优礼再没有了。有钱的人亦有买些挂面搁在帐房，预备待客〈的〉。

青海民族的晚饭

到了日落时候，连油灯也没有。我的洋烛点完了，没地方买，只好随着大家瞎坐罢了。主妇把灶子烧着，一面借光，一面作饭。他[1]因为优待我起见，特地从装毛皮袋中，取出经年的臭肉一块，抛在锅里来煮。抛肉的时候，往往打的锅水四溅，喷我满面。其初觉着不高兴，日久惯了，也不去管他，漫漫〔慢慢〕煮着，说话的说话，作事的作事。说话的在灶子旁边，多系男人；作事的在帐房外面，大半是女人。因为他们惯了，在我们伸手不见五指的地方，他们却是看得明明白白，照常作事。主妇拿着肉，放在襟上，右手用刀割作核桃般大的肉块，约有半升之多，提起大襟，向锅内一倒，连前放的肉一同煮着，专等外边人作事。那〔哪〕知我饥肠辘辘，坐在灶子旁边，只管望吃，我望的越利〔厉〕害，人家越不给我吃。这可不是故意，等到外边事情作完了才有吃呢。好容易等到十点多钟，外边的人进来了，主妇才取出那半生半熟的肉，抛到我怀里，叫我吃。这时我的高兴，无异身膺九锡，急忙抽出腰刀割而食之，实在香甜，就是鱼翅酒席也不及他。主妇再把青禾面粉，撒上半碗到锅里，略略一滚，仍用各人

[1] 他，应为“她”。

的碗盛给大家吃喝。为什么叫吃喝呢？因为清清面汤中，几块肉丁在那里浮着，所以叫作吃喝。这一顿喝，不比白天三顿三，却是非常自由，毫无限制，你肚子能装多少就喝多少，喝饱了一睡完事。

贱人贵畜

他们是游牧民族，所以把牛羊身上的东西，（看得）非常宝贵，连牛羊粪都要宝贵，决没有一点嫌恶的意思。灶子上边做一土仓，把牛羊粪装在里边，以便拨下来烧茶烧饭。各人喝茶的碗，也放在粪上，用的时候就拿来用，也不洗洗。若是来了人，那就不能不特为他洗洗碗。洗碗的手续，先用粪一擦，再用灶灰磨磨，上边垢腻，既已除去，然后用主妇布带拭拭，算是干净到万分，也算敬客到十二分了。

他们把人的嘴看得不如畜生的屁股。我曾看见他们因为作业上的必要，自己的嘴对着牛的阴户吹，毫不嫌脏。可是吃饭时各人有各人的碗，虽家人父子决不通融，谁是谁的认得很清楚。这无非彼此嫌脏的缘故。他们既已认清各个的碗，所以不能搁在一块揩洗。喝茶时，里边看看干净，外边垢腻差不多有一分来厚。有一次我说："何不把外边垢腻洗了？"主妇道："各人用各人的，洗他做甚！况垢腻不是别的，还是面粉粘在上面的，何必洗呢？还有一层，碗是磁作的，日子多了，他会掉下来，用不着人来洗他。"她说得我闭〔哑〕口无言。

青海民族的茹毛

他们的食物里，差不多羊毛居三分之一。他们连毛吃，仿佛没有看见，并且不知道的样子。我可是吃不惯，除了晚饭看不见，没法取去的时候，总得把羊毛一根一根抽去。有一次我吃炒面，忽然发生一种好奇心，想这碗炒面，有多少羊毛，不妨把他数数。于是一面吃，一面抽，心里数，数到一千余根，还没有完。不料主妇看见，对我说道："羊毛上边没有嘴，你吃下去，不会把你肠子咬了的。"合帐老幼男妇听得主妇的话，一齐笑了。我不好意思，也跟着冷笑了一阵，再不能数下去，终〈于〉不知道那碗炒面里有多少根毛。

他们吃的酥油里，毛也非常多。一天见主妇作酥油，里边羊毛无数，她全不管。我说："你若用草束把乳滤滤，就没有毛了。酥油干净，多卖几分银子。"她说："我们人老五辈，没有取过酥油里毛;有毛没有卖不出去的，也未尝少卖了银子，何必取他，麻烦得很。"我又没得话说了。

青海民族的美味

我到某地方，居停的主妇，年已四十多岁，她到过内地，并且人很聪明，不过尊貌差一点。她觉得他们吃的不好；有一天给我做肉馒头吃，可是她那里没有蒸笼，便拿一块圆形的木片，把铁丝烧红在上边，穿了好些眼儿，再用两块方木小块，搁在锅内水中，把有眼的圆木片，放在小木块上，离水面不及一寸，算是蒸笼。拿这个蒸出来的肉馒头，怪好吃的，已经是巧达〈于〉极点了。青海人民多不知数目，我见她伶俐，但不知道她懂得数目不懂。谁料她不但懂得数目，并且还懂得算术。我随口说出鸡兔四十九的题目[1]，她略为思索，即便说了答数。我很是惊异，夸奖了一阵。

他们有一种吃的东西，叫做精译音，做起来很费功夫，材料也很有几种。喝茶的时候，搁一块在碗里，等它溶化了，和炒面拌食，非常香甜，算是他们自制的珍品了。酒是他们最喜欢喝的，可是不会自造，完全由内地商人驮到青海地面，卖给他们，所以不得常喝；可是见商人来卖，无论如何，总得换些，买些喝喝；一喝便要醉倒。拿我们眼光看去，到这个光景，他们委实非常高兴。驮到青海的酒，差不多倒三七掺水进去，所以我们喝着已没有什么味了。

[1] 鸡兔四十九的题目，可能指由《孙子算经》所载古代数学名题《雉兔同笼》简化演变而来的“鸡兔同笼”趣味算术题。推测题目可能是：“鸡兔四十九，一百条腿有。问鸡兔各有多少只？”（《雉兔同笼》原题：今有雉兔同笼，上有三十五头，下有九十四足，问雉兔各几何？）

居处 第四

第四　居處

□帳房的布置
□帳房內的秩序
□部落的布置及狗的特性
□青海民族之遷徙
□青海民族之大小便
□帳屋內之神龕
□帳房的出入紙

帳屋的布置　他們逐水草而居，遷移不定；所以木房絕少，大半是帳房。帳房用牛毛做成。牛毛帳房，遇着下雨時，其初還漏，後來越下越不漏，因此都用牛毛，羊毛是不用的。當製造的時候，先把牛毛捻成線，再用線織成疋頭，然後縫成兩大幅，約四丈見方；兩幅並到一處，用帶子拴住，不使分離過遠，中間合縫約一尺多寬，彷彿天窗一般，爲的是出煙；

帐屋的布置

他们逐水草而居，迁移不定，所以木房绝少，大半是帐房。帐房用牛毛做成。牛毛帐房，遇着下雨时，其初还漏，后来越下越不漏，因此都用牛毛，羊毛是不用的。当制造的时候，先把牛毛捻成线，再用线织成疋头[1]，然后缝成两大幅，约四丈见方；两幅并到一处，用带子拴住，不使分离过远，中开合缝〈约〉一尺多宽，仿佛天窗一般，为的是出烟；四角用四根柱子撑起来，外边再用数十根绳子离一两丈远拴在木橛上，四周亦照样拴住，就算把帐房立起来了。里边足有两间房子大，但是没有房子那样严紧，四周离地还有二尺多高，虽是把所有东西装在皮袋里，一个个排列着四周，皮袋与皮袋中间，用牛粪糊了，还是挡不住冷风进来。他们惯了，全不害怕，也不设法改良。顺着帐房开处，作一灶子，里手[2]就是粪仓。粪仓前边安着锅，由粪仓将牛粪拨到底下时，因为灶子两面作下窟窿，空气流通，烧起来火焰很盛。锅的前边还连着一块土墙，土墙近锅一头承着锅，他方[3]即粪仓承着。

[1] 疋头，土法制做的窄幅纺织品。疋，音 [pǐ]。

[2] 里手，方位词，此处是“从此处往里边的那一处”之谓。

[3] 他方，指示词，此处是“另外一头”之谓。

土墙上边，还可以安置东西。这个灶子直分帐房为两部，左部归男子居处，有男客来请到这里；右部归女子居处，有女客来请到那里。客人到帐房走错了方向，不免笑话。万一男客过多，左方不够坐时，许家人过去坐在右方，决不使客人过去的，这是他们帐房内最要紧的秩序。

帐屋内的秩序

白天男子围着灶子的左方，女子围着右边，拨出火来，各自温脚烤手。女子没有穿裤子，大约腿子不免有些冷，所以看见她们常常揭起大襟烤腿子，这是男子没有的事。灶头左部靠着粪仓地方，系第一座位，依次下坐，为第二座、第三座。我到处坐第一座，好不高兴！有时候逢着出家的和尚到来，我须让他坐第一座，我坐第二座，因为我不过是俗客里的尊客，和尚是出家人，更尊（贵），所以让他第一位。睡眠处即是坐处，绝不更动。就地铺着毡子褥子等物，要是有人嫌地下湿潮——大概系内地人，及老年人，可作[1]土仓，装满羊粪，睡在上边，不但不受潮气，还要比地下暖些。他们那[2]里有什么褥子和毡子，身底下铺着两张生老羊皮，上边盖上自己穿的皮衣，天气过冷，再加上一个皮衣。一个个单独睡着，男子在左方，女子在右方，夫妻们也不免这样分开，那[3]里像内地夫妻需另立一房，鸳鸯双栖呢！若是夫妻睡在一处，倒觉得是可耻的事。又不论冬夏，他们多在帐房外边睡，

[1] 作，疑为“坐”之误。

[2] 那，应为“哪”。

[3] 那，应为“哪”。

一来好照顾牛羊，二来外面比帐房宽舒。我呢，没有牛羊看，里边虽不舒服，因为受不了外边冷，始终屈驾在帐房里头。大风是冬夏不息，帐房时时上下波荡，要是冬天下起雪来，被风吹入帐房，我的被还要变作白色。我早间起来，出了帐房看看，他们男男女女个个变成雪堆，看了半天，找不出他们的头在那〔哪〕方，脚在那〔哪〕方，细细一看，一头有一个指粗细的小孔，冒出气来，才知道头在这边。这小孔就是呼吸的道路。他们利〔厉〕害的地方,就是睡来终夜不翻身，两只腿子屈作一团，决不开展。所以他们有两句俗话说："汉人睡来是虎睡，番子睡来是狗睡。"因此，每每看见我直挺挺睡着，他们就说这两句话来取笑。

部落的布置及狗的特性

他们有一处帐房，就是一个家庭，一家人全住在里边；不过财产裕如的，有两个三个罢了。他们小部落，即是由十余个帐房合在一处的。每一个部落中间，留着一大空地，作为牛羊马匹起卧处所，围着这一所空地，团团架着帐房，一个连一个，相距不过二三十步。一部落的人，很是和气，守望相助，疾病相扶持，无事常来往说话，交换意见。因为保护羊只，各帐房养着大番狗两三条，身量约二尺高低，自首至尾约三尺左右，凶猛无比，凶恶的狼见了也要退避。客人经过部落时，不敢下马，在马上抽出刀来，左右遮护自己两腿，不然，就免不了被狗咬伤;但是狗的猛扑横咬，无论如何，总不能免，甚至，狗已受了刀伤，它还是在那里发威。不过他们有个惯例，客人总不得把狗杀伤，若是犯了这个禁例，休想带着头脑[1]回去。但是他们也有相当的办法，每逢客人到来或经过，不管认识不认识，差不多全部落男妇出来，一面招呼，一面替他挡狗，所以给狗子咬伤的时候很少。这种狗有些怪性子，就是两个帐房虽是相连，他们往来又密，可是甲帐的人要往乙帐去，须先通知一声，叫乙帐的人出来挡他的狗；若是没有通知，径自直入，对不起，老狗来挡驾了！因为它只认得自己帐房的人，不认得别帐房的人。但是一层，不管任何帐房妇女，随意可以来往，别部落的妇女，亦可径行直入，那凶猛的狗，仿佛是熟视无睹似的！若是内地的小狗，怕没有这种特性罢！

青海民族之迁徙

部落住在地，全系平原，数十里数百里大小不等，总不在数里大的平原中住扎。四周大山包围着，水道四通，野草茂盛。每到一处，约经两三月光景。因为两三个月以后，野草被牛羊吃得不好了，不能不到别处迁移。有一天我住的某部落到迁移的时候了，前三天他们都到头目人帐房公〔共〕同商议，何日起程，往何处去，经何路径。商议定了，到了日期，黎明起来，比平日较早。喝完了茶，备好驮牛，仿佛蒙古人使用骆驼、内地人使用骡马车子一般，将皮袋家具帐房等等，捆在牛背。有年老人和小孩不能骑马的，拿根绳子连着两个筐子，横驮着牛背上面，让年老人和小孩儿两面坐着；

[1] 头脑，今作“脑袋”。

筐子里装着羊毛棉〔绵〕软东西，牛又走的〔得〕慢，他们不觉着有什么苦。再把一部落的人连牲畜分作三起，第一起是妇女，每人骑一匹马，拿着一杆长枪，穿上美丽的衣服，一队儿走。我是男子，本不应连妇女一同走，因为我没有职务，跟着男子也是白受苦，所以叫我骑着马儿，和妇女们先走。刚动身时，我的左右前后，簇拥着十数个娘子军，我在中间拿着一个马鞭联辔缓行。我又懂得番话，说说笑笑，好不自在。不料走了十数里，我的马在内地吃现成草料，平坦大道惯走了，在那里料是没有，草又吃不好，山路的崎岖更是走不惯，所以跟不上她们的马匹。她们恐怕误了事件，叫我慢走，她们马上加鞭，飞也似的向前走去，起初还可远远看见她们的背景，待转了两三个山湾〔弯〕，连影儿也不见了。我只得寻〔循〕着她们的马踪前行。那里又没有一定的道路，不到几里路，看见迎面有几个番子骑着马，背着枪来了，我想这一定是强人。原来青海地面向多响马，差不多到处皆有。我心上像十五个吊桶，七上八下的，然亦没有法子，只好命交于天，向前走去。到了十来步远，我装作不在意、不害怕的样子问话。他们也来问我，两方说明，他们知道我是某处旅客，我也知道他们是打围的，心上一块石头，这才放下，各自走开。不料走不上十来里，又来了一伙，一样打扮，人数还多，我心上一跳，那一块石头又起来，再放也放不下，以为这些东西，不用说是剪径的了。细细一看，内中夹着妇女；知道妇女不作这种生涯，有妇女在内，他们决不是做强盗的，果然猜的不错，原来是搬家的。他们见我是内地人，彼此攀谈了几句过了。我一个人孤孤单单走了大半天，到一个大亩〔山〕顶上，向平原看去，见十数个妇女，解鞍放马，忙乱着不知做些什么。我从山顶下去，约二十多里到了平原适中地方。到妇女们作活处，彼此一见，笑了一阵。我看着她们做灶子，做好了，里边烧起拾来的干牛粪，专等家具队到来，预备烧茶。回头一看，恰好第二起驮家具的队子已从山岭下来，不多时到了。妇女们先取下铁锅，赶着烧茶，大家先喝一阵，我是不用说多喝一点。喝完以后，这才下帐房，安家伙。还没有两个时辰，诸事妥当，宛然昨天的地方，丝毫没有更改。自此过了三日夜，总不见别的牛羊，少年的人也少了几个不知向那〔哪〕里去。我心下疑惑，向他们问了一声，他们说："明天早晨到呢！"原来羊只及乳牛比不上马匹驮牛快，慢慢吃着走，所以迟至第四天始到，这就是第三起。在此住上几个月，把四山的草轮流吃了过来，又往别处去。

青海民族之大小便

在一顶帐房里，合家大小全住在一处，不分什么寝室厨房，至于毛〔茅〕厕等不重要的更是没有了。因为吃了酥油、炒面，非常火大，好比内地人吃了鸦片，大便是隔好些日子一回。地点多在山凹〔坳〕。小便的地点，只要帐房外边，到处都可。妇女格外随意，因为她们不穿裤子，往地下一蹲，衣服大襟便遮住了下体，在我们面前，常常撒尿。起初见了，觉着很怪，日子多了，也就司空见惯。最可笑的，往往有些懒婆娘，连蹲也不蹲下去，站着揭起大襟小便，淋漓满腿，似乎不觉着湿。

男子因为穿着裤子，衣服穿的又高，所以小便时，不能不躲躲人了。

帐屋内之神龛

帐房是用牛毛绵做的，前边说过。可是这种帐房，没有门户。灶子里[1]供着神位，神像有无，没有一定，各家总有些乱毛搁在那里。他们卖出牛羊马匹时，牛羊身上，总得取下几根毛，马匹拔下几根马尾；我的马虽不是他们的，可是走过的帐房，没有不拔下两根尾毛的。拔下的尾毛，全都搁在神的地方。一来敬神，二来取其牲畜去了还要回来的意思。

帐房的出入难

灶子前边，就是门户。出入时候，须用手把帐房垂下的一面揭起来，从底下出入。要是揭不起，当然没法出入。就是用力揭起了，要是身子出入的慢一点，就被帐房压倒翻不起身来。因为帐房本身非常笨重，外边的绳子扯得又紧，就是帐房的一面，已经重得非常。我起初出入，非请人不可。后来惯了，我自己去揭，不过压倒了一两回罢了。

[1] 灶子里，方位词组，此处是“从灶子往里的那个地方”之意。

职业 第五

職業 第五

- 輕視老年及牧畜方法
- 男子的對內事件
- 男子的對外事件
- 男子的零星事件

輕視老年及牧畜方法 男孩兒長到十五六歲，他們以爲小孩兒不會做什麼，叫他開麥．可是年紀到六十左近，又以爲身體弱了，頭腦昏了，就不叫他過問帳房私事和部落公事。比方五六十的老頭有個三十多歲的兒子或女壻，照例凡事讓給他們做，他們也昂然承受。就有不明白的，繁雜的事件，也不開問老者。老者飲食睡眠等等亦不能與當家的比較，總得差一點。來了客人，老的躲避，年輕的當前。所以青海人民的職業，祗有中年男子及婦女一部分人有的；老者和男孩却無事可做。

轻视老年及牧畜方法

男孩儿长到十五六岁，他们以为小孩儿不会做什么，叫他闲耍。可是年纪到六十左近，又以为身体弱了，头脑昏了，就不叫他过问帐房私事和部落公事。比方五六十的老头有个三十多岁的儿子或女婿，照例凡事让给他们做，他们也昂然承受。就有不明白的，繁难的事件，也不问问老者。老者饮食睡眠等等亦不能与当家的比较，总得差一点。来了客人，老的躲避，年轻的当前。所以青海人民的职业[1]，只有中年男子及妇女一部分有的，老者和男孩却无事可做。

妇女的职业。第一，放牲畜。——牛羊马匹——每天清晨起来，喝上一顿茶，格外拌上一碗炒面，抟作一团如拳头大，搁在皮袄里作午饭，便起身赶着牲畜到山上去吃草。妇人家不用说她的能力可以耐苦，去也无妨，可是里边往往有七八岁小女孩儿，我们看着很可怜，怪害怕的。但是他们的大人漠不关心，也叫她去，小女（孩）儿也认为当然情愿去。一到了山里，自然不止一家的人，好些妇女坐在一处，唱歌跳舞，过她们悠长的日子，我们看来也觉得活泼有趣，直至日落，

[1] 职业，此词百年前词义宽泛，此书中包含且仅指今谓“事务、活计”之意。

赶着牲畜回来，已是天黑，对面不见人了。第二，晚上职业。他们到了晚间，还是做伙[1]，挤牛乳，操心小犊、小羔，拴马匹，缚牛只，纷纷扰扰，乱个不了。挤乳的时候，要是乳牛不给乳子，或是没有小犊吸着大牛的乳头，他们挤乳时须先使小犊吃吃，拉过了小犊，然后再挤；挤不下来，再教小犊吃，这是一定的办法。如乳子挤不下来，他们把自己的嘴对着乳牛的生殖器吹上几下，大牛便把乳房口儿放松，乳流出来。小羊羔儿行走不便，搁在帐房里，晚间母牛回来，须教它吃乳，吃饱了，仍然拿来搁在帐房底下。牛马有不驯顺的，用三脚绊子绊住，或是用绳子拴住一个蹄子，叫它在晚间定定卧着、站着——好马不卧，好牛不站；把羊只全赶进羊圈里，将二寸宽三寸长薄木片数百叶，用绳子连起来，在地下打一个大圈儿，便是羊圈，大小容三四百头羊只，一处开个门儿，他处栽入土中，不能活动，到搬家时，撤下卷起，有一个牛驮着一个羊圈还算轻呢。他们把这些事做完了，才到帐房里吃晚饭。第三，早起的职业。早起的职业，就是挤牛乳，喂小羊羔，喂小犊儿，解放牛马脚绊，喂老狗等等。上边的事做完了，放牲畜的赶着牲畜上山。帐房里留下的妇女，拾牛粪搁在太阳里晒着，或是用手摩成薄片，叫它干了收拾起来作燃料。再用长木桶到小渠背水，作饮料。——他们背水的情形，把木桶搁在背上，再用一根绳子绊在肩上，行走起来，上身稳静，只有两足移动，所以十分平妥，滴水不出，也算是自小就练就的一种技能。——小女（孩）儿生到七八岁，就用小桶背水——男子无论岁数

[1] 做伙，今为“做活”。

大小，决不背水——吃的炒面完了，要炒青禾磨炒面。储蓄的牛乳多了作酥油等等。春天时候，拿着镢头、小口袋，到处去挖长寿果。——川边人名曰杞子，甘边名曰厥马音译——头痒了，利用一天工夫洗洗头，捻毛线；要是不愿意做事，在太阳暖和的地方，落下上身衣服，翻转来捉虱子，唱歌儿，说闲话，彼此搔脊背。我常当这差使，因为他们穿皮衣不洗澡，容易生虱发痒，有时痒起来，不拘何人，要求给他搔搔，可是旁人如何能搔着痒处，这个当儿他便用番语说："上头！上头！"我的手到上头，他觉得太上了，又说："下头！下头！"我的手到下头，又觉得太低了，又说："上头！上头！"一到痒处，就发出一种很舒服的声音喊着说："呀！呀！"

男子们在帐房里，差不多没有一件事做；早起晚上，眼望母亲辛苦，儿子不来替代。妻子牛也似的勤苦，丈夫也全不管。一清早起，坐在灶子旁边，一顿一顿喝茶，说闲话，吸鼻烟，捉虱子，算是他们常作的事件[1]了。稍为勤苦的，年老点的，捻捻毛线罢了，这也是他们的习惯，以为作苦伙[2]是妇女的天职，男子是不应做的。我常看见老婆背着百十斤重的东西走，他的儿子袖手跟着。可是有点良心的，他心下过不去，走到人看不见的地方，也替他母亲背着走一程儿，一到了有人的地方，仍然叫他母亲背上，他们说："男子背东西，是可耻的事！"

[1] 事件，此词百年前词义宽泛。本书不同上下文中有"事件、事务、事情、工作"等意。

[2] 苦伙，今为"苦活"。

男子的对内事件

对内的事件，就是部落里公共的事，如守望、迁徙、交换等等。他们集会商议，议好了，就同〔通〕力合作。做起事来用着妇女吃苦，还是叫他们[1]来服务，但事先不能叫妇女们参与，所以不谈到女子参政。守望呢，不用说一面防强盗，一面防财〔豺〕狼吃羊只。迁移事件，前已说过，兹不重提。只有交换，须稍为〔微〕说说。他们交换，有两种情形，一种系内地生意人驮着他们用的各种东西，到部落里来住下，或自备帐房，或住相熟的帐房。交换羊毛皮子以及酥油蘑茹[2]等等货物。等到交换完了，从原路回去。他们交换的对方系男子们。若是妇女们，不过见了小生意人，她会拿着小出产物——长寿果、酥油、小皮子、小宗羊毛等等，换点针线、假珊瑚、枣子、核桃（等）零星物品罢了。一种就是到了冬天，他们全部的男子，用驮牛驮上羊毛、羊皮、皮骨，霄[3]行夜宿，走多少日子，到内地通商地方，住在店房、寺院、相熟人家，把牛只拴在宽广地方，——这种牛只，因为自小没有见过房屋，就是割了头也不肯进人家院门。不给它吃，只给它饮。经过十天半月光景，把羊毛、羊皮、牛皮、马尾、马鬃、马皮换成青禾以及零用东西——烟、酒、布匹、挂面等等，驮在饿牛背上，飞也似的回去了。为何这样忙迫呢？一来牛是饿极了，要快点到草地吃草；二来他们在人烟稠密地方，尤其是内地，觉着纷扰不惯。有一次我遇见第一遭到内地的番子，今天到，

[1] 他们，应为“她们”。

[2] 蘑茹，应为“蘑菇”。

[3] 霄行夜宿，应为“晓行夜宿”。

明天就要回去。我把他安慰了一番,他反哭起来了。我没法子,把他引到热闹地方去玩玩,叫他散散心。他勉强去了,翻身就走。回来不吃不喝,低着头哭。当天就给他结了伴儿,让他回去了。生意人里边,虽然大都来过内地,他们急忙回去,还是这个缘故。他们的生意,强半是物物交换,有时也用易中[1]的东西,易中只有小布——四川省出,茶叶、生银三种,生银成色较内地低。吊铜灌铅,混杂使用。小小生意,也用银子,所以把银子切作小块,大件银块,是很少的。分量的名称,只有两、钱、分三种,分以下没有名称。但是到了上称,却只论钱不论分,钱数对就算对了,至于分之有无,两方均置之不问。制钱不作交换易中,内地人带进去,给他们一两枚,他们很喜欢的受〔收〕下,作为玩物,铜元是未见过的,金子是有的,也不认为易中。他们这样混厚[2],所以内地人跟他们交易时,拿些小小资本的枣子、核桃、线索、红珠等等,就可以换得皮子、羊毛。若是到了部落内边,还要吃他们喝他们住他们的帐房;如果第二次再来,便已成了熟人,一旦骑着马到了部落,他们听着狗咬,全体出来欢迎。这一种人的肚量算是世间第一等人了罢?

男子的对外事件

对外事件,就是交战,或办理其他交涉。前边所说的部落,是指小部落而言,合若干小部落成一大部落。小部落虽是可

[1] 易中的东西,意谓"可以当作货币用的东西"。易中,即货币。此为"同义复指"。
[2] 混厚,今作"浑厚"。

以自由移转，总不能出大部落所有土地以外。——土地部落共有——要是牲畜吃到他部落地界以内，就会发生损害赔偿，被人把牲畜牵去，乃至两方打起仗来。打仗的时候，从前都用鸟枪，现在全部换成快枪，枪好马健，人又好勇，所以往往弄出人命事件。此种事件，在未解决以前，两方断绝往来。甲方的男子——小孩儿在内——牲畜，一到乙方，乙方把他扣留。乙方的到了甲方，甲方也是这样处置。只有妇女——不论老少——的交通，依旧不断绝，不扣留。不过不许骑牲畜；若是骑着牲畜，当然把牲畜扣下；因为女人不加入战团，又不会生事闯祸，故有此优待。照这样子相持不下的经年累月，定有他部落头目人等出来调和，把双方死的人数互相抵消。死人少的一方，对死人多的一方交纳命价，比方甲方死十五人，乙方死十二人，两相抵消，甲方多死三人，乙方须向甲方交纳三人命价。一个人命价，从前不过三四十两，现在二百两左右。他们交纳命价惯例，不但因战争杀伤时适用，平常斗殴身死，也是这样办法，决没有杀人者死的办法。就了此一种公案。对外战争，除了争地之外，因婚姻纠葛、抢劫牲畜，容易发生。总之部落内部个人的事、家族的事、相互的事，都由内部商议解决。对外事件无论原因起于个人或部落，统由部落全体主持解决，不像内地人把团体事件抛到脑后，看见了袖手作壁上观。所以我常说："平民政治国家，全是团体生活。除了团体生活方法外，再没更好的法子。要是内地人知道实行团体生活，与其隔着海洋，学那外国人作不切题文章，何若礼失而求诸野，来学他们团体的生活，倒来得亲切些呢！"

战争固是男子的职业，此外还有放枪、作贼，也是男子生就的职业。从前青海内部，到处强盗出没，——自从西宁马镇使征服了果洛番子以后，青海没有强人，就是单人行走亦不妨事。——每群总有百八十人，一个个背着快枪，骑着健马，格外还拉上一匹，以备替换骑坐，驮东西。生意人一到部落，若是人少抵抗不过，就被他们抢了货物，劫了牲畜。走青海内部的大生意人，约帮同行，每帮不下一二百人，牛只不下千数，名曰队商，所以防这种强盗。这些强盗，不是别人，还是住在青海内部的番子，不过不抢本部落，专门抢劫他部落的生意人罢了。我怎样知道他们生就强盗职业呢？有天我跟几个壮年闲谈，我问，“你能力若何？用什么方法在部落里出头？部落如何可以强盛不被人家欺负呢？”他说：“我们年轻人的能力，看能不能打仗做强盗。若能打仗、做强盗，便是有能力，便可以出人头地，作一部落的头目；我们的部落也拿着我们撑面子，旁的部落也就不敢欺负了。”说话的时候原有好几个壮年，因为有前述的问答，于是这个说他在那〔哪〕里做强盗掠劫了多少东西；那个说在某处打仗时杀死了几个人；这个说在某地喝酒醉了后用刀砍了某人；那个说某月某部落来犯时我活捉了几人。他们正说着得意时，内中有个哧的笑了。我问他说：“你总是安分守已，总不像他们那样了。”他说：“安分守已么？可没出息人干的；我们男子汉，要自己出头，部落光荣，除非作强盗。”我说：“那么你也是个强盗么？”他听着说他是强盗，便高兴起来，可见他们强盗性成了。又，年轻男子，坐在帐房底下没有事干，终日磨刀子擦快枪。随身常常带着两把刀子，一个〔把〕是满尺约一尺长的刀子，挂在腰带上，是吃肉割东西用的；一个〔把〕是五尺大刀，斜插在身前腰带上，刀把在右方稍向上，刀尖在左方方稍向下，为的是右手便于抽刀。刀把刀鞘，异常美丽，上边镶着珊瑚、宝石等物，多系请名匠打造的，所以价值昂贵，自十数两至三四十两不等。他们把刀磨得非常锐利，削人如切瓜一样。每人还有快枪一枝〔支〕，系变卖牲畜买来的。是内部商人到青海去买卖时带进去卖给他们的，每枝〔支〕价值约二百两左近，挂在帐房顶上，视为神物，每天拿下来抚磨[1]着，把枪上的黑漆擦去了放出光来。女子不敢动手，也不敢近旁。妇女的衣服等件，更不敢搁在枪上，足见他们对于枪的宝贵了。出门时背在身上，前有美刀，后有美枪，觉着再漂亮没有了。

男子的零星事件

以上所举的以外，男子还有一种职业，是缝纫。他们习惯，女子在帐外作事，男子终日在帐里无所事事，前边已经说过。要是做事，须比女子轻易点的，所以缝纫一事，自然归男子去做。男子的衣，固然是男子做；就是女子的衣服，也归男子做。这种情形，恰恰与内地情形相反。我们初次见了，觉得有些不顺眼。其实在他们那样社会状况之下，是自然而然的了。他们做伙〔活〕时，将牛皮丁针[2]——内地系铜铁作丁

[1] 抚磨，今作“抚摩”。
[2] 牛皮丁针，应作“牛皮顶针”。

针，青海则以熟牛皮作之——套在食指尖上，针锋向怀里缝来，也不像内地妇女和缝工把丁针套在中指上针锋向外缝去。可见他们这件技能是他们固有的，并不是由内地传过去的。

集会 第六

集會 第六

□演說之重視
□集會之種類

演說之重視

青海男子，最重演說，聰明伶俐的人，總是講究說話，常常練習。習好了，到集會場中演說。要是演說完美，別人就尊他為一部落中的小頭目。部落內外發生事件，須共同處理之時，少他不得。但是這也不是一件容易的事，我曾見會演說的人，尙未演說的前幾天，差不多不吃什麼東西，在野外地方，獨自一個踱來踱去，搜尋材料，命意措詞，弄得他臉兒黃瘦，頭腦裏再沒第二件事；有人跟他說話，像傻子似的沒有聽着。到了集會那天，衆人到空曠平坦的地方，頭目等在上，壯年小孩以

演说之重视

青海男子，最重演说，聪明伶俐的人，总是讲究说话，常常练习，习好了，到集会场中演说。要是演说完美，别人就尊他为一部落中的小头目，部落内外发生事件，须共同处理之时，少他不得。但是这也不是一件容易的事，我曾见会演说的人，尚未演说的前几天，差不多不吃什么东西，在野外地方，独自一个踱来踱去，搜寻材料，命意措词，弄得他脸儿黄瘦，头脑里再没第二件事。有人跟他说话，像傻子似的，没有听着。到了集会那天，众人到空旷平坦的地方，头目等在上，壮年小孩以次一齐团团坐下，每人前搁酒碗一个，慢慢喝着，大家推他演说。他立起来，左手端着酒碗，留下右手做姿势，说将下去，贯珠似的没有间断，也不咳嗽、吐痰、喝酒。至少也要经两点钟工夫。他的说话，非常通俗，妇女、小孩都能懂得，道理透彻，比语[1]得当；差不多演说完以后，大家都说一个是，事件就照他所说的解决。万一有第二个不以为然，于是又叫第二个人演说，往复辩驳，谁说的理由充足，大家就赞成他的话。他们既无私见，又无党派，更不用手腕、

[1] 比语，今作“比喻”。

金钱来运动，一个人说话，全场鸦雀无声的〔地〕听着，仿佛北平的戏迷听叫天[1]唱的戏似的，不会有一个咳嗽、说话，只见端着酒喝，若是听到合意地方，点点头，临完经过一致赞同，——决不用多数压制少数的法，——大家照办，决不会三心二意，腰来腿不来[2]的。

集会之种类

集会可分为几种。第一，结婚集会，就是结婚吃喜酒的时候，会合两姓男女，将开始饮酒的当儿，公推能说话的人代表大众敬致贺意。这种演说，表面上说去，差不多千篇一律。然而演说家为着自己的名誉，把结婚人家的人口、牲畜，新婚男女的心性、身段，作为材料，构造一篇最华美的演说词来演说，听的人听到好处，浮一大白[3]。再[4]这个时候，主婚人若会演说，他便起来答词；要是自己不会，可请一位会的来代替，总是淋漓尽致，娓娓动听。演说完了，才是唱歌欢饮的时候。第二，丧家集会。某家有丧事时，同部落和他部落的人来吊唁，没有什么礼节，只有公开演说。找个合式〔适〕的广大平坦会场，来宾在上，家族在下，丧主在会场中间，团团坐下，

[1] 叫天，即指盖叫天。盖叫天（1888—1971），原名张英杰，河北省保定市高阳县人。京剧艺术表演家，以武戏闻名天下，被誉为“燕北真好汉，江南活武松”，开创了独具特色的盖派艺术。

[2] 腰来腿不来，青海汉语方言用语，意为“办事各方不能协调配合，甚至还可能掣肘”之意。

[3] 浮一大白，语出西汉刘向《说苑》卷十一：魏文侯与大夫饮酒，使公乘不仁为觞政，曰：“饮不釂者，浮以大白。”原意指如果违反酒令（不能饮尽），将被罚饮酒一大杯。浮以大白，用大酒杯罚酒。后转义为饮大杯酒，表达快意。“听的人听到好处，浮一大白”即此用法。再例：“得此喜信，胜听挞音，当浮一大白。”（清·曾朴《孽海花》第二十四回）

[4] 再，当为“在”。

依旧斟着酒。于是来宾中会说的，起立演说。因为死人的行状、家族的状况、宾主的关系，各各不同，所以演说词也一家跟一家不同。说到悲切处，丧主来宾竟会流下泪来。丧主代表答词，一如婚姻集会。第三，和事集会。部落内外纵发生天大事件，决不会经官动府。他们自己会用开会演说的法子叫事情解决。比方事情发生在部落以内，两造[1]须请头目人等召集会议。——有时头目人等认为必要，不待两造来请自动召集。——等两造及众人头目齐来，即便开会，仍由会说的人演说，说的〔得〕两造闭口无言，众人首肯，算是解决，两造唯唯听命，谨敬履行。当时所用的肉酒等费，及头目人等谢金，统由两造负担，绝无行贿请托不正的行为。假使两部落间发生事件，由第三部落出任调停，其方式与上举的大致相同。不过第三部落的决议，没有强制的力量，万一一方不从，依旧诉诸武力。这是与内部集合[2]不同的地方。第四，内部公共事件集会。比方迁移、庆吊他部落、祭祀、跳绳、经商、放枪、出战种种事件，也用集会式公众讨论，商议妥协，就去履行；费用各帐平均担负，当然不生问题。就是最后两种事件——出战、放枪，经过集会决议以后，派定每帐须出快枪一枝〔支〕、子弹若干粒、马若干匹、牛若干头、羊若干只、炒面若干皮袋、酥油若干斤，纵倾家亡产，也要预备，按期举行。万一有不利益，甚至人口死伤、部落沦亡，不但宗旨不变，也没有埋怨演说人的。因为演说的人不过发表他个人意见，经大众赞成，

[1] 两造，古汉语词。《书经·吕刑》“两造具备，师听五辞”。后沿用为专指有关争讼的双方当事人。台湾法律文书至今有“两造”之语。

[2] 内部集合，当为“内部集会”。

即成公众的意思。所以每逢一件事情发生，说话的人，尽力发挥，毫无顾忌。我写到这里，我想内地的省会和国会议员，以及内地人民，对于集会事件，和青海人民比较，恐怕望尘莫及罢。

物产 第七

物產 第七

□物產之種類

物產之種類　青海地方，物產豐富，分述於下。（一）五金煤礦，到處皆有，外人遊歷者，大率垂涎三尺，惜乎我們政府不能注意到此。（二）林木。山林之多，差不多無山不是林；以松柏爲大宗，其他木類甚少。木料有大可數圍，高十數丈的，却沒有極小的。自來未經砍伐，因爲青海人民不居房屋，不燒柴炭，用不着樵採；而且以山林爲神靈所憑臨，更不敢攀折。不過他們常取少許柏葉，充作香料，然於山林無萬一之損。（三）藥材。藥材有大黃、黨參、當歸、黃芪，及其他未經認識的，尚有多少；內中以大黃爲大宗，每年由西寧地方運出數萬担。（四）魚類。青海及其他

物产之种类

青海地方，物产丰富，分述于下。

（一）五金煤炭，到处皆有，外人游历者，大率垂涎三尺，惜乎我们政府不能注意到此。

（二）林木。山林之多，差不多无山不是林，以松柏为大宗，其他木类甚少。木料有大可数围，高十数丈的，却没有极小的。自来未经砍伐，因为青海人民不居房屋，不烧柴炭，用不着樵采，且以山林为神灵所凭临，更不敢攀折。不过他们常取少许柏叶，充作香料，然于山林无万一之损。

（三）药材。药材有大黄、党参、当归、黄芪，及其他未经认识的，尚有多少；内中以大黄为大宗，每年由西宁地方运出数万担[1]。

（四）鱼类。青海及其他河流，产鱼甚富，因青海人民不食鱼肉，任其生长，所以鱼类见人也不惊怕，探手可得。其所以不食鱼类，一来按佛教戒律，对于肉类只食蹄子分作双歧的，如牛羊猪等；其余蹄子不是分开的，或不是蹄子而为爪的，均不食。是以自其祖先不食鱼肉，习成自然。二来把

[1] 万担，重量单位。一担等于一百斤（十六两为一斤），万担等于一百万斤。此处应该并非确指数目，言其多尔。

鱼认为龙的一类，相传伤害鱼类时，竟会起恶风暴雨，损害帐房人畜，因此鱼类繁殖过盛，有水地方，满水都是。青海较近西宁，约六百里，每年冬天青海结冰时候，附近一部落番民，击冰取鱼，卖给小贩运至西宁、兰州地方出售，名曰湟鱼。到二三月间，天气稍热，不便搬运，将鱼腹剖开，去其肠肚，平铺草地上，晒干运出。惟这一部分番民，享此特权，他处人民，不屑作此生意，所以也不来侵夺。相传这一部分番民，系由内地迁去，专以取鱼为生，久而久之，便同化了，捕鱼不食鱼肉。

（五）野牲。豹、狼、狐、猞猁、猩猩、熊、鹿、麝、黄羊、山羊、野马、野牛等等，有山林地方，都生长这些东西。每年取得的狐狼等皮，以及鹿茸、鹿筋、麝香、熊掌、山羊血[1]等珍物，运到湟源县地方出售的不少。有些山林被僧人、部落禁止，不能猎取上举的各种珍物。如有人犯了这禁，免不了加倍处罚，甚至闹起大交涉来。所以打围的逢见这种山林，不敢擅入放枪。他们还有一种迷信说："这种山林，居有神灵，取了里边的动植物和家宅牲畜，就要遭殃。"他们深信不疑，还能举出若干实例，常给我叙说。

（六）家畜。家畜就是马牛羊三种，没有别的——骡驴在寒冷地方不能生存，故青海没有这两种家畜；鸡鸭等类，不用说更是没有的。

（1）牛有两种：一种叫牦牛，形象凶恶。腹毛甚长，前

[1] 山羊血，传为珍贵药材。野羊、山羊、斑羚、盘羊等牛科动物的血。据说有活血、散瘀、止血之功效，制取方法多样。

清时用作帽缨等物。牦牛分作牦犍——公的、牦㹀[1]——母的，同种相配，仍生牦牛。若是牦㹀与家牛——耕牛——之犍者相配，生下的牛，名曰犏牛。犏牛腹无长毛，身体雄壮，力量过大，公的叫犏犍，母的叫犏㹀。牦㹀、犏㹀，生犊取乳。牦犍除配种外，用作肉食。犏犍一称驮牛，青海内部的运转，全赖这种牛只，就是这种牛如骡子一样，不会生育。犏㹀与犏犍相配生下来的犊儿，不像牦牛，也不像犏牛。这犊再生下犊，仍成牦牛。犏㹀与家犍相配生下的牛犊，不容易生长，往往着疯症死了。所以他们也不留它，一生下来就吃了它。把皮子囫囵剥下，装满了草类，作成小牛样子，取乳时候，搁在它母亲嘴底下，叫它舔着，它的乳就容易流下来，大牛不给乳子时，便把草牛犊拿过来向大牛乳房上撞儿下，——因活牛犊吃乳时，大牛不给乳子，小牛惯用它小头撞着乳房，——仿佛犊儿吃乳的样子，它的乳子就会流下来。但是这种草犊须大牛亲自生产的，若用别的决不成功。

（2）马只一种，较天马新疆产小，较川马四川产大。狡捷善走，力能任重，在帐房不穿蹄铁，不与谷类食料。牵入内地，穿上蹄铁，给与面豆，再加以练习，可作军马，也可骑乘。惟必系儿马去势，——骟马——然后可用。因儿马性烈不驯，见骒马[2]——草马——便不顾一切，尽力奔赴以至贻害。至于骒马，不骑坐，间有善走供骑坐的，人也不重视它，

[1] 牦㹀，母牦牛。㹀，抵触义，音 [bèi]。这个字本书亦有用左偏旁为“牜”字旁的，应该更有理据。惜此字今已不用，电脑字库也不收。

[2] 骒马，母马。骒，音 [kè]。清·赵翼《陔馀丛考·骒马骟马騲马》：“唐以前本呼牝马为草马，及牧监设课后，遂呼课马，后人又易以马旁为骒马耳。”

专门产生小驹。每骒马一匹，三年可生驹二头，驹生二岁可骑。三年又可生驹。马性耐寒，所以露宿，就是大雪压身，积高寸余，安然直立，不稍转动，仿佛它自己也觉得若一转动，必使冰雪溶〔融〕化，皮肤寒冷似的。至天明尽力一抖，将雪抖去，自上山去吃草。假使驴骡处这种境地，一夜工夫，便可冻死，然而马匹全不觉着。

（3）羊只一种，身高力大，角毛都长，与内地绵羊不同。内地人名之曰番羊。他们养羊的见生了羔，检[1]体格雄壮的留下几头作为种羊——羝羊。其余皆阉成羯羊，供肉食，此种羊因食草类，味甚可口，若内地羊与以料食，其味便差多了。牝羊专生小羔，少供肉食。番民虽不论羊的牝牡，一概充作食料，但因内地人只食羯羊不食牝羊、抵[2]羊，他们卖与〔予〕内地人的，多是羯羊。

（七）马牛羊身上产物。

（甲）马身别无所产，只有马鬃、马尾，但此种产物，马生时不取，直待死后然后取之，卖于〔予〕内地人。又马皮亦系一种产物。

（乙）牛身上产物。

（1）牛皮。剥取牛皮有两种方法，一种系由牛首至牛尾，囫囵剥下的，一种是由牛项至肚当中剖开，成张子的，此种牛皮运至内地通商地点，卖于商人，每张价约五两左近。前一种名曰皮袋——青海内部的皮袋，是羊皮作的。经过制造后，

[1] 检，应为“捡”。
[2] 抵羊，应为“羝羊”。

装好粮食、羊毛，把数百个联〔连〕在一块，便成皮筏，作水上转运的最好利器。若是不会泅水的人要渡河而无船只时，可将皮袋吹起，叫人坐在中间，外边由善水的牵着过河，每个可居二人，全无危险。据云由内视之，异常透亮，并不发急云。后一种供给内地人鞣制各种皮件。他们没有什么牛皮作品，只有他们自穿的靴子，以及拴东西的绳子。

（2）牛乳。他们把取下的牛乳，在茶中混合少许，作为饮料。名曰乳茶。大量牛乳，制成以下种种食品。

[子]胶乳。凡犉〔悖〕牛生犊后，第一次取下的乳子，很是浓厚，蒸之即成胶乳，味甚美。

[丑]蒸乳。把平常牛乳蒸成的，味甘。内地人制此乳食时，加石膏少许，夏天食之，五内凉爽。

[寅]酸乳。把取过乳油——酥油——的乳汁，搁在木桶内叫它发酵，便成酸乳。味酸，加糖少许，夏日饮之，凉快易眠。

[卯]乳饼。把牛乳搁在锅中，加热膨起，熟了取出，即成乳饼，喝茶时搁少许，有特别的香味。牛乳成品，以此为最，内地人非常爱食。

[辰]乳面。拿牛乳作煮面的汤汁来煮面条、挂面，味亦甘美，唯不放盐、醋。

[巳]乳渣。把牛乳中乳油取过后，釜中蒸发水分，变成淀粉，取出晒干，放茶内拌炒面作食料。因其性热，肚痛时，煮食可止痛。

[午]酥油，把牛乳盛锅中，加火使热之若干度。——他们有看热度的法子，就是把牛乳蘸在指甲上一吹，便知热度

是否合宜。——另外置一木桶，径约尺五寸，高约三尺，上有木盖，正中一孔，穿一长杆入桶中，杆之下端置一圆木片，上有大孔若干，俟乳子热度合宜，即灌入此桶中，执杆上下摇荡，经半时许取盖查视，即有油点结成小粒，附着于圆木片之上，取出放在冷水盆中，用手团结，便合成大块酥油装入牛羊肚内，如是数次，牛乳中油质完全提出。

（3）牛肉。牛肉不用说是他们的食用品；对于内地，则供给活牛。一群一群的赶出来卖给内地屠户，可没有把牛肉拿出卖给内地人的，因为他们没有法子拿出来，也是他们储藏不干净。就有拿出的，亦没人买。还有一层，他们杀牛，其名虽说是杀，可不用刀，把牛羊的四肢口鼻牢牢缚住，不许它呼吸动弹，抛在空旷地方，叫它慢慢闷死。死的时候，我曾见牛羊的肚子臌胀起来，眼珠凸出，觉得非常惨忍[1]，他们看惯了却不以为怪。问他们何苦这样，他们说："若是用刀杀了放出血来，肉就会老，不好吃，这样死法，肉嫩好吃。"所以闷死的牛羊肉，色是鲜红，看来不好，吃去的确嫩；要是拿到内地，谁人□吃[2]。

（4）牛骨。他们吃完了肉，把骨堆在一块，几个月后堆的多了，拿来打碎煮在锅里，从牛骨又煮出多少牛油，拌炒面吃。取过油的便不用了。

（5）牛角。从前用鸟枪时，牛角做装火药的东西。由牛角大头盛火药进去，用木盖盖上，小头有孔，用一机关盖着，

[1] 惨忍，应为"残忍"。

[2] 谁人□吃，缺失一字，按意义推测，应该是一个"能愿动词"，句子为反问句。例如："要是拿到内地，谁人愿吃？"

手指一压，机关开了，倒火药出来。现在快枪时代，这种已经很少的了。牛角还有一个用品，就是当鼻烟壶。——妇女也有带的——闲暇的时候拿出吸吸，每次吸的分量，约有五分重，日非数两，决不过瘾。

（6）牛筋。他们收下牛筋，卖给内地商人。南人运去，假作鹿筋，要是做得很好，绝对认不出是牛筋的。生牛筋还能做成细绳，缝牛皮靴子，较麻绳坚牢。

（7）牛毛。牛毛产额不少，他们多充作帐房材料。

（丙）羊身上产物。

（1）羊毛。青海地方，天气寒冷，所以每年到六月天气极热的时候，取羊毛一次，一个〔只〕羊可取一斤至五斤不等。毛长五寸至七寸；只因生在寒地，露天起卧，毛质非常粗硬，不及内地的绵羊毛软，若是比着美利奴羊的毛，更是相去天渊了。又有一种猸犸[1]，或名山羊，其毛更粗。惟贴身有绒毛甚细软，拿梳子取下，可作上等毛制品，猸犸耐寒的能力不及番羊，故青海羊群中偶一见之。

（2）羊皮。可分老羊皮、二毛皮、小羔皮三种。

[子] 老羊皮，系由大羊身上取下的，青海民族多制作自己穿的皮衣，售出的很少。

[丑] 二毛皮，系小羔羊生下约二个月时候取的。

[寅] 小羊皮，系生下后四十天以内取的。此两种完全卖

[1] 又有一种猸犸，青海汉语方言称山羊为“猸犸”。两个汉字电脑字库阙如。第一汉字作“反犬旁＋居”读音［jú］；第二汉字作“反犬旁＋吕”读音［lǘ］。亦有第一汉字写作“羊字旁＋居”；第二汉字写作“羊字旁＋吕”的。如：“青海之山羊似绵羊，而毛光润。有［羪］［羖］，黑多于白，角削身小”（清·徐珂《清稗类钞·动物类上》）。这两种写法，今均不见用。

给内地人：二毛皮走北省，小羔皮走南省。十年以前，黑色羊很多，只因黑色羊毛不比白羊毛价大；黑羊皮做皮衣，又不比白的暖和结实。每到夏天，毛根脱落。所以从前没有人欢迎，以致近年来黑色羊种大形〔幅度〕减少，羊群中看不见黑的。现在突然要爱穿黑的皮衣，价值如何不贵呢？

（3）羊肉。他们自己供作食品。他们吃的，有闷死的，病死的，老死的，母的，公的，没有什么分别，一概充作食品。至于供给内地人的，系活羊，若是死的，就没有人来吃。

（4）羊骨，取油。

（5）羊胫骨，作吃黄烟的东西，就是把胫骨做烟袋杆子，再用木头作成锅子，搁在上边即成。

（6）羊筋，售于内地人作食品。

（7）苦肠，——盘肠，这种东西，从前没有人过问，现在有内地人去收买，因成一种产品。

（8）褐子[1]。他们把羊毛捻成线，经年累月积得多了，然后拿来织褐子。织的方法，不比内地，没有什么机子，只将经线平扯在地上，拴了线鬃，向上一扯，穿过纬线，再拿一根〔个〕很光泽〔滑〕的长薄石块，紧它两下。复将鬃线向下一扯，再穿过线，拿石块紧紧。如是织去，三五天后便成褐子两三丈，看来怪可怜的。

[1] 褐子，现代工业生产的布匹出现之前，一种北方游牧民族用来缝制衣物、褡裢、帐篷的手工编织粗布。具有良好的防水、避风、隔潮、耐晒、保温的作用。织褐子的原材料是用手工捻制成的羊毛线。

宗教　第八

宗 教 第八

青海民族之信仰

青海民族，全體信仰佛教，但其信仰方式，可分在家及出家兩大派。在家的名曰俗人。俗人之信仰佛教，第一、供給佛教僧徒的衣食。無論何人、都認作自己不可諉卸的義務。所以他們終身的生產，除了自己的衣食住費用以外，差不多完全孝敬給出家人、以爲如此，不但得現世平安，並且還可望來生生在福地。第二、敬神。他們每天早起，帳房外邊，須燒柏香一堆，柏香卽柏枝，上邊再加一撮炒麵，後用柏枝蘸

青海民族之信仰

青海民族，全体信仰佛教，但其信仰方式，可分在家及出家两大派。在家的名曰俗人。

俗人之信仰佛教，第一，供给佛教僧徒的衣食。无论何人，都认作自己不可诿卸的义务。所以他们终身的生产，除了自己的衣食住费用以外，差不多完全孝敬给出家人。以为如此，不但得现世平安，并且还可望来生生在福地。

第二，敬神。他们每天早起，帐房外边，须烧柏香一堆，柏香即柏枝，上边再加一摆〔把〕炒面，后用柏枝蘸水一滴，撒于柏堆上，口中念经咒。余每早起，但见各处香烟缭绕，经声盈耳，盖敬天地诸神以祈福泽。

第三，诵真言。他们所诵真言，虽是一处与一处不同，一人与一人又不同，然最普通者，不外以下数种：唵嘛呢叭咪吽、喇嘛喇加送咀唔、桑巳拉加送咀唔、咀拉加送咀唔、隔登拉加送咀唔、喇嘛以旦管去乎送拉加送咀唔等句[1]。无论老少男妇，终日吟诵不止，只有说话吃饭睡觉时停止。一天把这三件事（做）完了便开口吟诵。比方第一句话终，而第

[1] 本章所列诵言“喇嘛喇加送咀唔、桑巳拉加送咀唔、咀拉加送咀唔、隔登拉加送咀唔、喇嘛以旦管去乎送拉加送咀唔”等句，应该是六字真言的藏语读法。

二句须稍俟再说时，便诵真言。睡醒时也是这样。他们因吟诵真言，终身没有停止的时候。又因吟诵真言时，一心向佛，把种种享受，件件欲望，一概打消，以致社会状况，犹是原人时代，全没有一点进步。然而他们觉着只此便好。又，他们念真言时，等有事做便做事，若是手闲了，不是捻素珠[1]，便是转嘛呢[2]。素珠是一百零八颗珠子作的。嘛呢音译是用经纸卷成一小圆圈如拳大，穿一孔置柄，以手执柄摇之，向左旋转，盖谓经纸旋转，功德与口诵相等。帐房左右前后，悬挂印经布片，或用长条布印经，揭于长杆上边，随风摆动，亦云与口诵功德相等。

第四，朝拜寺院喇嘛。他们有了闲暇工夫，或是每逢年节，便成群结队，向寺院——活佛喇嘛居住地方——朝拜。到了寺院，须先见喇嘛磕了头，然后到寺院周围走圈子，走到前面磕了头再走，一天到黑，除了吃饭以外，走个不停。也有专在一个庙的佛像前，顶礼叩首至十百千万，并无已时[3]的。弄得佛前地板上立脚处、叩首处、膝盖着处、手擦处，俱深陷寸余。朝拜的人若是有病的，越是做得勤苦。据云叩首打圈子，可望神灵保佑，疾病痊愈，其实病好，全是由于运动，而信仰的便说是神的力量，所以信仰的越来得起劲了。曾见几个番子向西藏朝拜，由家起身，步行前去，不算恭敬。出

[1] 捻素珠，拈串珠念佛之意。素珠可指：佛珠；珍珠，亦借指白色的珠状物；一种植物果实，如黄豆大小，呈棕褐色，有光泽非常坚硬，中有孔，和尚最早用来当佛珠；没有配饰物的佛珠、手串、项链。此处指佛珠。

[2] 转嘛呢，转动刻（写）有经文的固定的经筒或手持的经轮。

[3] 无已时，意为“没有完结的时候”。

了帐房，即向西磕长头。——膝盖着地，两手撑起，湾[1]着腰叩下去，是寻常礼节；若是平直的使全身贴地，两手抱住头前叩下头去，便是磕长头，叫做大礼。——磕时用手画地作记，磕起来足站在所画的地方，再磕下去，再用手记着，起来走两步复磕下去。他的手拿着一块本〔木〕片护手，膝盖上拥着皮子，一直磕向西藏去。后来打听这些人足足磕着头走了两年多天气，才到了前藏。又有一个讨食的，他不去讨食，却整天向着寺院磕头念佛，因磕头须头顶叩地作响，久而久之，天庭上长了一个大疗如鸡蛋大，便成了一个磕头的标记。有这标记，每食时，任意入和尚家中去吃。和尚家见此人来，亦非常欢迎，唤来同食，没有待〔怠〕慢的。即是大喇嘛见了，也致相当敬礼。人问喇嘛至尊，何以对这等人如此敬礼。答云，此人天庭上大疗中已有佛居住，尔辈不见，我能见之，所以我来敬礼。在大喇嘛原不过教人信佛，然而这个叫化〔花〕子，越发受人恭敬。他的磕头念佛，也越起劲了。

第五，请喇嘛和尚讽经。他们一到暇日或是有病的时候，便请喇嘛和尚念经，名曰平安经，或曰吉祥经。念了帐房中就会平安，人与牲畜均不会病，得病就好，念经时供奉甚优。念完了，还要孝敬多少东西。他们要是死了人，一定会请喇嘛和尚念经。说是念了这种经，把死人生前罪过，一概消除，便可生在西天佛地。除了供养赠银外，死人身边衣服等件完全送给念经人，念经人拿去卖了作用度。

[1] 湾着腰，今作“弯着腰”。

第六，年首给寺院和尚茶喝[1]。每到新年头，或是一定日期，每部落每帐房轮流寺院和尚茶喝[2]。这种花费，随帐房资产大小，并不一律。清茶、油食、米饭三者之中，选择一种或二种，多多预备，到了日期，由部落中大家背负送去，供奉寺院全体人众吃喝。厚薄固不一律，然而非如此供奉不可，因系强迫义务之一。大约两三年间，必轮到一回，每回花银二三百两乃至五六百两。经这番举动，两三年的积蓄完全用尽，日后再积再花，终身世世决不会间断的。烧茶作饭，就在寺院。寺院中原备有一立方丈大的锅口数个，用来烧茶煮饭。茶开饭熟，预备舀时，先将铁绳一根，一头拴在柱上，一头拴舀饭人的腰间，恐怕掉了下去，就没有命了。

第六[3]，卜卦。他们无论有什么事情，差不多问了卦然后去干。卦上说好，他就奋不顾身；卦上说不好，眼见有多少利益，不去作。替他们卜卦的人，就是和尚，他们越卜得灵，越受人信仰。因为他们修养程度到什么地步，俗人是不知道的，只要卜卦卜得好，他们就认〈他〉为天人，拼命供奉了。

红教徒之能力

俗人全体，只会念真言。读长篇经文的，是硕果晨星，不可多得。便会读长篇经文，若是叫他写、讲，也绝对办不到。惟俗人中有一种人名叫混音译，蓄长发，发中掺入黑羊

[1] 茶喝，动宾语素颠倒（受藏语构词法影响），意为喝茶的仪式或活动。此种仪式或活动内容应该包括喝茶，但不限于喝茶。

[2] 每部落每帐房轮流寺院和尚茶喝，意为每部落、每帐房轮流举办喝茶的仪式或活动。

[3] 第六，此处应为“第七”。

毛，加多头发分量，盘于头顶有一立方尺大，以别于俗人。此外娶妻生子，一如常人。他所念的经与普通喇嘛和尚所念的，大相径庭。——因系佛教之派别——他念经修炼时，多在深山，并且于夜半高声朗诵，天庭上边带一块有毛的黑熊皮，打着鼓钹，读到要紧地方，吹那人胫骨作成的小喇叭，且用人头作饮具，人骨作素珠，在在[1]装出凶恶模样。如此三两年，便出而问世。他的职务，念平安经、捉鬼、咒人、祈雨、挡暴雨等等。以其所得供自己日用。这种人对于经文能写能讲，较一般俗人高得□了[2]。

活佛之投生

佛教徒可分为上下两级，上级名曰喇嘛音译，内地人称之曰活佛。其位最尊，在一般信徒之上。下级曰咤哇音译，内地人称之曰和尚。喇嘛系由化身而来，比方某喇嘛死后，经过一二年光景，他手下信徒，便以为该喇嘛业已投胎复生，到处卜卦投生在何处。卜者指出两三处所，他们一一去探问，如果所说的地点不错，并且恰巧生有聪明的小孩子，就把这孩子姓名开列，向位置较高的喇嘛处决定。若是本人地位过高，就近更无大喇嘛，便打发人到西藏达赖、班禅处决定。决定后，再等一二年到五六岁时，给娘家送些礼品，迎接过来。——他们人家，生了活佛，认为非常荣幸，所以没有不许人迎接的。又，他们娘家一定是番族，内地人家不会生下活佛。可是，

[1] 在在，意为到处，随处，处处，随时。

[2] 较一般俗人高得□了，此处缺失一字，推测应为“多”。

近两年来，也有生在内地信徒家的，这算是例外了。又据他们说，被决定的人，确系原人灵魂投胎，所以他还能认识前世用过的东西，使过的僧人，便请最高明的信徒，教授佛经。他比较聪明，又专门学习，所以来得格外敏捷。他们信徒反说，“他是宿学，一般人决不能及他”。

教徒增加之原因

青海人民，生下男子，只留下一个立门当户。——有的连一个也不留，有了女子就行了。——把其余男子，年纪约莫四五岁左近，都送到寺院上去做和尚。收留他的，不是他的叔叔，便是他的舅舅，也有送到相识的老和尚处作小和尚，统以师弟相称。小和尚的衣服饮食归老和尚操心，但是衣食的原料，全由娘家供给。他娘家也会分给他些牛羊马匹等物，每年滋息交给他过活。小和尚对于他的娘家，除非〔了〕念经给他（们）祈福以外，再没什么利益。

教徒之服饰

他们的衣服，与俗人不同，下身穿着围裙，不穿裤子，上身穿个坎肩，再穿上整幅洋布，叫作袈裟。颜色一定用红紫，不用别的。到了天冷的时候，单围裙底下，衬件皮围裙；袈裟底下，穿个皮马褂子;脚上穿着皮靴。到天热时，一律赤脚。衣服的样式，喇嘛、和尚都是一样，不过喇嘛所穿的材料有绸缎等物。因他们有一种教律，只有围裙，决不能用丝织品。又有一种僧人，叫作日照巴音译，意言真正出家人。因为前边所举的僧人，虽是出家，但他们依旧有产业传给他徒弟，有时还作经济行为。至于这种日照巴，他们居住没有一定地方，深林大山，便是他过活的地方：穿的非常褴褛，食的又不免十分粗疏，并且都是叫化来的，所以他们的身边，除衣钵经卷外，便无长物，终年专门作念经静坐的生涯，所以叫做真正出家人。他的袈裟是黄色，不是红紫色。

丧葬 第九

喪葬 第九

□青海民族之孝思及送死
□教徒之送死

青海民族之孝思及送死

青海人民逢着死了人，當然與內地人一樣，悲哀哭泣。又有一部分地方，男子在髮辮上拴着白羊毛繩，女子在耳朵上拴着白羊毛線；男子不帶刀子，女子不帶首飾，表示他們哀敬的意思。喪期沒有一定的期間，平均約一年光景。在此一年以內，在帳房裏雖然飲酒，不可唱歌，也不作宴會事。他人有宴會，差不多本帳房男女不去與會。每經過好些日子，替亡人請僧諷經，此外別無若何舉動。至他們送死方式，卻與內地絕對不同，因為他們信仰佛教，所以很盼望死人坐化。平生信教甚篤，念真言最勤，並且還做些其他工夫的，到了死時，知道死的時間

青海民族之孝思及送死[1]

青海人民逢着死了人，当然与内地人一样，悲哀哭泣。又有一部分地方，男子在发辫上拴着白羊毛绳；男子不带刀子，女子不带首饰，表示他们哀敬的意思。丧期没有一定的期间〔限〕，平均约一年光景。在此一年以内，在帐房里虽然饮酒，不可唱歌，也不作宴会事。他人有宴会，差不多本帐房男女不去与会。每经过好些日子，替亡人请僧讽经，此外别无若〔任〕何举动。至他们送死方式，却与内地绝对不同，因为他们信仰佛教，所以很盼望死人坐化。平生信教甚笃，念真言最勤，并且还做些其他工夫的，到了死时，知道死的时间，并且还能坐化。若是没有根基的人，死尸坐不起来，他们便用皮绳一根，由死人脖项至腿湾[2]拴缚起来，做出坐化的样子。但是他不是活的时候坐着死的，所以虽是用绳子拴着，他仍然坐不起来，扶起了便向前后左右倒下去，于是不能〔得〕不把死尸搁在帐房犄角，以免倾侧。死尸面前不献东西，也不烧香。来宾到了，只向丧主吊唁，更不去看看死尸

[1] 送死，意为"送葬"。

[2] 腿湾，应为"腿弯"。

情形如何。丧主以酒肉贶待[1]，丧主唯一的责任，就是请几位喇嘛、和尚，——有钱的多请几位，无钱的少请几位，或是只请几位和尚，不请喇嘛。——喇嘛的布施须较和尚为多。——念几卷经，超荐亡魂，俾生[2]福地。到了出殡那天，众人及亲戚一齐送葬。死者最亲的人，把死尸背在身上，送了出去。送出去以后，如何了结，可分三种情形：第一种是把死尸搁在最高山顶，他们都躲在远处看着，不一会儿，只见多少大小不等的野禽，相继下降，大吃大咽，顷刻而尽。这时送葬的以及家人皆大欢喜，以为这个人很有造化，且平时定有善行，所以他的死尸被野禽霎时吃完了。反之，若是搁了几天，飞禽不来，或来了不吃，大家以为大不幸事，家人咬着牙关，拿柄大斧，把死尸砍作无数小快，希望野禽吃个干净，这也是不得已的办法。第二种是把死尸搁在空旷地方，举火烧了，叫作金葬，不过烧起死尸，臭烟腾空，他们以为冲犯过往神灵，免不了罪过。那么他们去喂飞禽吃了，岂不省事免罪。然而这不是他们自由去做的事。照例，他们死了人，须请喇嘛算卦，他说弃了就弃，他说烧了便烧。所以死了以后，有弃的，有烧的，决不一律的。第三种是埋葬。埋葬一层，在他们认为(是)最下乘的办法。差不多死人出过恶疮死了的，不必请喇嘛算卦，直接去埋了，以为这人生前不做好事，致生恶疮，又因恶疮以至死亡，不该用第一第二两种仪式。还有一层，得疮死了以后，若是用第一种仪式，不免传染；用第二种仪式，臭上

[1] 以酒肉贶待，“贶”，音[kuàng]，赠予，赐予。“贶待”，大略同今谓“款待”。
[2] 俾生，意谓“使（他）来世转生在……”。

加臭，更是得罪过往神灵，以及一切人类，所以用第三种仪式，急忙埋在土内，〈比较的〉干净多了。除了恶疮，别的病是不论的。

教徒之送死

普通的和尚死了，送葬的仪式，与平民一样，没有什么特异的地方；惟有喇嘛死了，除了地位尚小，生前挣的布施不多的人，也与平民一样送葬外；若是他〔地〕位较高，银钱宽广的喇嘛，另有一种特别的办法，就是请高明的能手，把死尸的肚腹剖开，去了肠子心肺等件，用盐泥在死尸内外满满贴上，过数日再行换上，直至将死尸贴成干腊肉，然后用线将剖处缝住，穿上袈裟，面上再贴上金叶，装入神龛内，佛面前边按上[1]一块一方尺大的玻璃，俾拜佛者得见佛面。此佛尸便搁在自己住所旁边的经堂里。自和尚修成喇嘛第一辈起，便如此供养，直到现世。经过十数辈，他的肉身顺序存在的很多很多。至于供养肉身的佛龛，极其美丽，有镶宝石的，有镶金银的，有完全用银子打就，上边再嵌上宝石等类的。费用自数千两至数万两不等，耗时自数月至一二年，然后成功。由是可见他们信仰之笃，供奉之厚了。

[1] 按上，应作“安上”。

杂记　第十

雜　記　第十

□俗尙之種種

俗尙之種種

青海人民，無論男婦老少，及僧侶喇嘛，差不多沒有不吸鼻煙的。鼻煙係用黃菸葉子與牛糞灰配合而成，並無其他作料。名鼻煙曰鼻煙。統名用口吸食之煙曰口煙。口煙之中分爲三種：用桿吸者名曰煙；用水煙袋吸者曰水煙。雅片煙睡着吸，故名睡煙。余怪其名字之奇離，示以紙煙，問曰，此何名？對曰，紙煙。見其表面有紙，故名。（雅片煙青海人沒有一人吸的。）

煙與酒，俗人最得意的常用品。喇嘛、和尙、絕對禁止。

他們固有的物件，俱有本名。由內地輸入之物，皆用內地名字。如套

俗尚之种种

青海人民，无论男妇老少，及僧侣喇嘛，差不多没有不吸鼻烟的。鼻烟系用黄菸[1]叶子与牛粪灰配合而成，并无其他作料。名鼻烟曰鼻烟[2]。统名用口吸食之烟曰口烟。口烟之中分为二种：用杆吸者名曰烟；用水烟袋吸者曰水烟。雅片[3]烟睡着吸，故名睡烟。余怪其名字之奇离，示以纸烟，问曰，此何名？对曰，纸烟。见其表面有纸，故名。雅片烟青海人没有一人吸的。

烟与酒，俗人最得意的常用品。喇嘛、和尚绝对禁止。

他们固有的物件，俱有本名。由内地输入之物，皆用内地名字。如套裤、鞋、火盆、袜子之类，俱用内地原名。

数目有本名，又有码字九文。算数方式，几乎与现今内地方式相同，所以他们算术也算很深的了。

他们有番文《三国志》，大致与内地《三国演义》相同，系散文及歌语相间而成。他们聪明一点的人，能背诵《三国志》，差不多人人欢迎，暇时男妇围着，请他背诵。

[1] 黄菸，同“黄烟”，此谓已经烤制的烟草植株。

[2] 名鼻烟曰鼻烟，疑有赘语，当为“名曰鼻烟”。

[3] 雅片，今作“鸦片”。

（1）第一件好的是拉萨，要是诚心去看，眼睛就有福享。第二件好的是活佛，要是活佛长寿，我们就有福享。第三件好的是婆婆，要是婆婆长寿，媳妇就有福享。

（2）好的在上边，佛的高足弟子就能够学识优长，众和尚就好了按指普通弟子。长官能够束身自爱，属员和百姓就好了。婆婆能正直无私，儿媳和家人就好了。

（3）听着上头海巴系指海产之蜃壳能吹者响，按佛教徒集会时在屋顶吹之都得去集会。要是集会，定有施主听着底下鼓声响，知道有了王法。有王法可望平安按番族以帝王威力名曰王法。看见前边白旗飞,知道班禅佛来了。班禅佛一来，大家便欢喜了。

（4）吃肥羊肉的时候，想起草山的恩惠，念念真言。吃白米细面的时候，想起大地的恩惠，念念真言。吃酒的时候，想起家的恩惠，念念真言。

他们唱起曲来，非常入耳；一写作汉语，便无意味。且写作完全汉语，音节不免迂远。上写数语，聊以见意。除了酒曲——喜曲——以外，还有淫曲及诗歌，其节度音调，大致与酒曲相同。

他们有很多的流行格言，不论平常说话，或会场演说，每每说出。记得多，并说得恰当，便算能言。此种成语，他们名曰比语；惟细绎其意，比语之名未为得当，仍以成语二字为妥。兹录一二于左。

（1）我分不给，你分不取。按即一介不以与人，一介不以取诸人之意。

（2）下了雨，路不好；喝了酒，人不好。

（3）上等人撒诳[1]，一年不破；中等人撒诳，一月不破；下等人撒诳，出门便破。

（4）好汉对了脾气，银钱不分；好妇对了脾气，米面不分。

（5）聪明人一提便醒，好马一鞭绝尘。

（6）上等人说话，准听；鱼在水里摆尾，准看[2]。

（7）众口没大门按防口不易之意，歧路没关门按易入歧途之意。[3]

（8）天过青无云，水过清无鱼。

（9）风吹鸟窠，上不稳，水冲鱼窠，下不稳；谣言迷惑，中（指心）不稳。

（10）除非见了野象，不避路；除非见了桑已习〔释〕迦佛名，不低头。按强梁者多作是语。

（11）只要吃着鹿肉，就是膘瘦，不可多心；只要喝着松潘茶按此茶出产松潘，青海人最喜饮，纵无酥油，不可多心。

他们的跳舞，实在幼稚的很，并无如何规则，高起兴来，一跳便了。

他们过会跳舞的时候，会见有一人，混〔浑〕身上下挂了数百个钱针从前穿制钱时，拉钱串绳用的。——就是用钱串钩儿穿着身上外皮，出来到了群中乱跳，直到钱针一个一

---

[1] 撒诳，同“撒谎”。

[2]……准听；……准看，汉语西北方言中字音“准[zhǔn]”和“中[zhōng]”发音混淆。此句即如是。应作“……中听；……中看”，意为“……（很）好听；……（很）好看”。

[3] 众口没大门。（按防口不易之意），歧路没关门。（按易入歧途之意）。按现代汉语标点符号用法规范，调整如：“众口没大门（按防口不易之意），歧路没关门（按易入歧途之意）。”下同。

个自行掉落，方才完事。又有好些人，用锥刃将两面颊肉从口中横穿过去，弄得不得开口，更不能说话，排队出来，打着圈儿走了多时，方才进去。据说此系因疾病等事许愿，此时到会中来还，然而太无意识。

他们有一种人，名叫巫，专为人看病。拿一张犸皮子[1]，蒙在一个铁环上，约二方尺大，算他的鼓。看病时打起鼓，念动真言，约半点钟工夫，便有神附着他的身上，为人治病。人问吉凶、未来事件，也一二回答。完了，将身一抖，神便去了，巫也醒来。他不知他所做何事，所说何话，又向旁人一二细问。青海人民信服得起劲。

又有一种人，专会圆光。圆光时，眼前置一方圆镜子，他念动真言，不多几句，便眼珠一番〔翻〕，摆着头直看镜子。据云，此时在镜中所见的系妖魔鬼怪，须旁边一人，念着经文，用麦子向镜上慢慢打去，此镜遇一过，便成一空洞世界。问什么事，便现出什么事，能知未来，灵验无爽。

喇嘛中间，也有作强盗首领的，他手下不论僧俗，总有几百人，十分信仰他。说怎么，便怎么。每年他要劫取人财之时，他便发一口令，名曰放枪。此令一下，他手下一齐出去劫取人物。但是他命令有一定终止日期，到了终止日期，不论抢得东西的，与没有抢得东西的，全部回来，丝毫不敢违抗。抢来的东西，都排在喇嘛面前，喇嘛取过要用的东西以后，其余的教〔叫〕他们拿去，从没有未经喇嘛选取，自

[1] 犭吕皮子，“犭吕”字电脑字库阙如，左右结构，反犬旁，形声字，双音节合音，读若 [lǚ]。“犭吕皮子”指鞣熟的山羊皮。

己先用了的；没有瞒着喇嘛，不排在面前的。

喇嘛走路，随身带几名弟子、跟人，不怕强盗抢了。但是某喇嘛有一次遇着一群强盗，上前抢劫。他说我是喇嘛，尔不可造次。这强盗便答说，你是喇嘛，你会知道未来，为何不知今日遇见我们。喇嘛便无言答对，遂被劫。

夫妻居室，在内地人看去，是正大光明的一件事。但是他们青海夫妻须各别睡觉，就是要敦伦[1]，须偷着干干。男女私交，在内地人看来除了提倡自由恋爱一部人，不是怎样体面的事，可是他们公然为之。到底他们的对，还是我们的不对，这就难说了。

他们佛教徒，对于一般人，持一种无善无恶的态度，并发一种无善无恶的论调。所以他们信徒，也就把作奸犯科之事视为寻常应干的事。这是佛教徒不是处。但也有原谅，因为不如是，不能得全民信仰。有的信仰，有的不信仰，须如此主张，然后布施富足，出家人不至饿死。

我见好些妇女，拿着一块顶粗的布，粘作一个方块，再拿几根红绿的粗棉线，横一道，顺一道，在那里绣花，十分诚实，十分用心。我见了，连我肚皮都笑破了。又恐怕她们害羞，急忙用别话遮过。随后我慢慢向她们问，这样玲巧[2]的活计，你们从何处学来的。她们说：“有一位妇女，在内地边界住居了若干年，学得绣花技能；后来她到了青海，便传给我们；到我们身上，大概有五六辈了。”完

[1] 敦伦，原意谓敦睦人伦。此处含蓄指谓性事、闺房之事、房事。

[2] 玲巧，今作“灵巧”。

附录之一

杨希尧年谱

1888 年，清光绪十四年，1 岁。

农历七月二十四日出生于循化（当时属甘肃）的耕读农人家，是父亲杨洵、母亲赵香兰的长子。

1901 年，清光绪二十七年，13 岁。

入学，循化地方官立学校。

1904 年，清光绪三十年，16 岁。

入泮，考中秀才。

1906 年，清光绪三十二年，18 岁。

考入甘肃文高等学堂。读经史、宋儒学案、明儒学案；始知有科学，肆力于精研科学。勤奋努力身体力行。历五年毕业。

1910 年，清宣统二年，22 岁。

以公费保送入教育部直辖国立北京法政专门学校。

1911 年，辛亥年，清宣统三年，23 岁。

辛亥革命中，回到兰州，做临时甘肃省议会议员，宣讲先进思想，主张共和。

1912年，民国元年，24岁。

加入孙中山在北京合并六党后成立的中国国民党，自是以实现三民主义为目的。

1914年，民国三年，26岁。

毕业回甘肃，任公立甘肃法政专门学校教员。

1917年，民国六年，29岁。

目睹袁世凯余孽残暴苛敛，开公民大会，欲借群众力量，制止此辈之横行，终被军警击溃。遂与赵学普、蔡大愚、焦桐琴诸同志，联合狄道驻军抵抗。但军事行动失败，赵、焦死，蔡亡上海。开始流亡蒙藏地区。

1918年，民国七年，30岁。

完成著作《青海风土记》。

1920年，民国九年，32岁。

通缉令取消，三年流亡生活结束。回到兰州，仍任公立甘肃法政专门学校教员兼教务主任。

1927年，民国十六年，39岁。

来到西宁，意在西宁兴办教育。任西宁道署教育科长，任道署训练班三民主义讲师。

1928年，民国十七年，40岁。

西宁区公署印发《青海风土记》。

1929年，民国十八年，41岁。

2月16日，西宁道署派往湟源县赈济慰问，处置马仲英兵变屠城事件。

同年，调任甘肃渭源县县长，任职八个月，因病辞职。

1930 年，民国十九年，42 岁。

青海建省（一年）。青海省当局约至西宁，代理民政厅厅长，任蒙藏事务处处长，后又经省府任命为西宁县县长。

3 月，会同视察员张佑新和省政府科员任国钧，在互助地区勘查县界，4 月 30 日勘查完毕。

1931 年，民国二十年，43 岁。

任省政府科长，兼女子师范学校校长。

任女师校长后，立即开除了有违为师之道的教务处长，以正学风。

同年，任青海省政府委员兼教育厅厅长。

教育厅成立之初，公库空空如也，全省教师半年不发薪水，民怨沸腾，众官员亦寒蝉噤声。作为厅长，第一个站出来说话。亲自给时任财政厅厅长马敏斋写信，以个人身份借支大洋 500 元，解燃眉之急。为属下请命，笔锋凌厉、饱含正义，得到全省教职员工的拥护。

《青海风土记》由新亚细亚月刊社出版（初版）发行。

1932 年，民国二十一年，44 岁。

在《边事月刊》第 1 期发表《西北经济概况及开发刍议》，首倡西北开发。

1933 年，民国二十二年，45 岁。

《青海风土记》由新亚细亚学会出版（再版）发行。

1934 年，民国二十三年，46 岁。

主持了全省教育资源调查，签发行世《青海教育概况》。

1935 年，民国二十四年，47 岁。

心道法师在青海传教。受其感化，皈依佛门，受居士戒。

11 月 15 日，访问“西北佛教居士林”。

12 月 28 日，与心道法师畅谈佛教教旨，兼任居士林理事长。

1937 年，民国二十六年，49 岁。

主持“湟川中学”建设。力主董事会独立建校，避免马步芳集团插手干扰。

1938 年，民国二十七年，50 岁。

8 月，在西宁纸坊街租房，“湟川中学”开办。同时，在西宁西南郊贾小庄动工修建“湟川中学”正式校舍。

1939 年，民国二十八年，51 岁。

3 月，“湟川中学”中学部迁进贾小庄新校舍。

6 月，“湟川中学附设幼儿园”在杨希尧私人住宅花园“觉园”成立。

辞去省政府委员、教育厅厅长职务。

“青海省禁烟总局”改组为“青海省禁烟委员会”后，任委员。

1949 年，61 岁。

中华人民共和国成立。

9 月，西宁和平解放。

1950 年，62 岁。

1 月 1 日，青海省人民政府成立，当选为省人民政府委员。

1951 年，63 岁。

任西北土改工作委员会委员。

任青海省体育运动会主任。

1952 年，64 岁。

任中国民主同盟中央委员。

任中国民主同盟青海省支部筹备委员会主任。

无偿让出两院住宅（含私家花园“觉园”），供“青海省民族歌舞团”办公、排练使用。

1953 年，65 岁。

捐赠包括亲手拍摄、冲洗、印制的记录青海建省前后 20 多年省内重大活动和青海风土地理的照片文字在内的大量珍贵资料、古籍图书和现代丛书给青海省图书馆。

1954 年，66 岁。

2 月，中国民主同盟青海省第一次盟员大会在西宁召开，民盟青海省委员会正式成立，任主任委员。

任青海省人民代表大会代表。

12 月 27 日至 31 日，在青海省第一届人民代表大会第二次会议上，当选为青海省人民委员会委员。

1957 年，69 岁。

被划为右派分子。任青海省政治协商会议委员。

1967 年，79 岁。

遭到抄家、批斗。

1971 年，83 岁。

在西宁逝世。

附录之二 子高先生事略

子高先生（1888—1971），名杨希尧，字子高，青海循化人。影响中国西北、青海历史的重要人物。

先生于清光绪十四年（1888 年）农历七月二十四日，出生在青海循化（当时属甘肃）的耕读农家。父亲杨洵、母亲赵香兰。弟姊中排行最长。

先生 16 岁（1904 年）入泮，考上秀才。18 岁（1906 年）考入“甘肃文高等学堂”[1]，离开家乡循化，赴省城兰州上学。

年轻的子高先生在甘肃文高等学堂致力于精读经史、宋儒学案、明儒学案，并

[1] 创建于光绪二十八年（1902 年）的“甘肃文高等学堂”是甘肃省历史上第一所中等学校，目前是甘肃省内重点高中“兰州第一中学”，简称“兰州一中”。知名校友有赵元贞、张一悟、杨希尧、杨静仁等。2018 年 3 月，兰州第一中学入选 2017 年中国最具影响力中小学百强榜中学榜第 49 名。

开始接触到现代科学，发奋精研科学。历经这所新式高等学堂的勤奋刻苦身体力行的近五年学习。

先生于 22 岁（1910 年，清宣统二年）时毕业。

毕业之际，适逢甘肃提学使陈曾佑主持官费学生选拔考试，青年子高先生应试中选，离开兰州，赴北京，进入“京师法政学堂”[1] 学习。

1912 年，孙中山先生赴北京合并六党[2]，成立国民党。子高先生加入，“自是，以实现三民主义为目的”（先生自传语）。

1914 年，毕业，先生学成归来，回到兰州，任“甘肃公立法政专门学校”（今兰州大学）[3] 教员。

1917 年，“临洮起义”失败，遂亡命青海牧区。撰写《青海风土记》。

1920 年，仍出任“甘肃公立法政专门学校”（今兰州大学）教师、教务主任。

1927 年，来到西宁，意在西宁兴办教育。任西宁道署教育科长，任道署训练班三民主义讲师。

1929 年 1 月 1 日，青海建省。2 月 16 日，西宁道署派往

[1]“京师法政学堂”，是清末官办法政专门学校。光绪三十二年十二月（1907 年 2 月）成立。校址设于北京原进士馆。以造就完全法政通才为宗旨。课程有：人伦道德、皇朝掌故、大清律例、政法学、政法史、宪法、行政法、民法、刑法、商法、国际公法、国际私法、理财学、社会学、外交史、统计学、民事刑事诉讼法、监狱学、财政学、中外法制史、日文、英文、体操等。1912 年，更名为“北京法政专门学校”。

[2]1912 年 5 月，统一党、民社、国民协进会、民国公会、国民共进会、国民党（由潘鸿鼎等组织的，非宋教仁的国民党）合并。史称“六党合并”。

[3] 甘肃公立法政专门学校，为今兰州大学前身。兰州大学的历史可以追溯到 1889 年之“学吏局”，然而 1909 年成立之“甘肃法政学堂”开始按照现代大学模式设置系科，故被认为兰州大学建校之始。1913 年，革命之后，学校改名“甘肃公立法政专门学校”。子高先生任教师约在 1914—1917 年，任教务主任约在 1920—1926 年，1926 年 3 月辞职。

湟源县赈济慰问，处置马仲英兵变屠城事件。

同年，在西宁西大街今邮政局附近，创办“职工浴池”一处。

同年，调任甘肃渭源县县长。县长任职八个月，因病辞职。

1930 年，青海省当局约至西宁，代理民政厅厅长，主办全省赈灾救济工作。任蒙藏事务处处长。后又经省府任命为西宁县县长。

1931 年，任青海省政府科长，兼女子师范学校校长。

同年，任青海省政府委员。

6 月 1 日，青海省教育厅正式成立，子高先生出任首任厅长。

1937 年，任“青海省禁烟委员会”委员。

中华人民共和国成立后，子高先生当选为省人民政府委员，先后出任西北土改工作委员会委员、中国民主同盟中央委员、青海省体育运动委员会主任、中国民主同盟青海省支部筹备委员会主任、中国民主同盟青海省委主席（主任委员）、青海省政协委员等职。同时任青海省人民代表大会代表。

1957 年，子高先生被划为右派分子。1971 年逝世。

作为影响青海历史的重要人物，主要事迹略举如下：

一、清宣统三年（1911 年），辛亥革命结束了清廷统治。革命初起，京城动荡，京内人士纷纷迁移，学堂也暂停学业，先生与各同学相率而行，西抵家乡。回到循化，甫进家门，适值父亲手持孙逸仙一书，孜孜阅读，见到儿子忽然回家，即责问：“目下革命军已兴，尔不前往加入，从事革命，回家何为？”并进一步训导：“我国孙逸仙之于美国华盛顿，可以媲美。尧舜自大禹以下家天下，更何足道也！”先生听此一番训语，遂觉自处不当，甚为懊悔，不日，即再回省城兰州，充任甘肃省临时议会议员，宣讲先进思想，主张共和。嗣后，复返北京"京师法政学堂"继续读书。

二、1917至1920年间，革命党人奉孙中山之命推进甘肃护法运动，拟定建立"甘肃护法军"，维护《中华民国临时约法》。

目睹袁世凯余孽残暴苛敛，子高先生和他的同盟会同志们开公民大会，欲借群众力量，制止此辈之横行。但终被军警击溃。他们遂再策动临洮起义，子高先生与赵学普、蔡大愚、焦桐琴诸同志，联合狄道驻军抵抗。但军事行动失败，赵、焦死，蔡亡上海。子高先生遭到"通缉令"通缉，遂开始流亡蒙藏地区[1]，由是，人称子高先生为"甘肃革命巨子"[2]。

1920年，"通缉令"撤销后，仍出任公立甘肃法政专门学校教师、教务主任。

三、流亡青海牧区期间，寄食番寺，艰苦备尝，并以亲身考察藏族风俗之材料，著成《青海风土记》。该书于民国十七年（1928年）由甘肃西宁区公署印局印行；于民国

---

[1]1917年，兰州官绅虽然通电甘肃承认共和，但袁世凯任命的甘肃都督等顽固派仍然把持政权，迫散临时省议会，反对孙中山颁布的《中华民国临时约法》。革命党人师世昌奉孙中山之命来甘肃，联合同盟会会员蔡大愚、杨希尧、赵学普、秦钟狱、郑瑞青、边永福等一群热血革命青年，秘密联系驻临洮的新建右军中的青年军官焦桐琴、胡登云等人，策划发动新建右军在临洮起义，以新建右军、马安良的西军、马廷勷在循化召集的撒拉族武装为主，组成"甘肃护法军"，维护《中华民国临时约法》。当年11月，蔡、赵、秦等应约赴河州，与马安良父子商议西军策应之事。再由甘肃法政专门学校教员杨希尧赴循化隆务寺组织藏族武装策应，定于冬至时在临洮起义，占领临洮后再攻占兰州，驱逐张广建。

但事机被提前泄露。杨希尧组织的隆务（今同仁）藏族武装数千人到拉卜楞与张广建派出的孔繁锦部接触，被击溃。加之马安良、马廷勷父子认为起义难以成功，改变初衷，取观望态度，致使赵学普、焦桐琴等刚发动起义即遭镇压而失败。赵学普、胡登云、边永福等人牺牲；郑瑞青等被捕入狱；蔡大愚、焦桐琴先是藏匿于河州，后由马安良派营长马有禄经藏区转走四川、上海；杨希尧亡命青海藏区。

[2]人称"甘肃革命巨子"，见杨希尧著《青海风土记·周序》（周即周希武）。

二十年（1931 年）新亚细亚月刊社出（初）版发行，于民国二十二年（1933 年）新亚细亚月刊社再版发行。

四、倡导新文化运动。1928 年，促成话剧在青海的第一次上演，并亲自做演员登台表演，代表文明进步新文化的话剧艺术由此被引进青海，发扬光大。

五、践行禁烟运动。由子高先生等文化教育界人士为配合“严禁吸食鸦片烟运动”而编写并演出的话剧《赵老太爷训子》在 20 世纪 20 年代中后期上演后，引起了西宁社会各界的强烈反响，学生组织了“查烟队”，深入机关、居民户查收烟毒烟具，禁烟的文明意识增强后，有一些百姓人家自动将家中烟具交出。

六、在青海推行文明新生活运动，大力提倡讲卫生，反对妇女裹脚等陋习。1929 年，在西宁西大街南侧，今市局邮政局所在地，创办了“职工浴池”一处，倡导公务人员讲究卫生，经常洗澡。开风气之先。

引进了新式机器，开办了鞋厂、袜厂、肥皂厂。

子高先生自购有德国柯达相机，拍摄了大量青海建省初期重要活动和青海生活的照片，这些图片均由他在自设的家庭暗房中冲洗[1]。

七、马仲英、马步元率部兵变，掠夺拉卜楞寺后进入青海，一路洗劫保安镇、贵德、塔尔寺。1929 年 2 月 16 日，悍然对青海湟源县实施野蛮屠城。省政府（西宁道署）派子高先生

[1] 子高先生个人使用德国柯达相机拍摄、自设暗房冲洗印制了大量青海建省初期重要活动和青海社会生活以及家庭生活照片。家中购置了钢琴、留声机等音响设备和大量唱片，以及各种童车、积木、建筑模型等儿童玩具。

前往湟源县赈济慰问，处置事件。

八、先生在1929年一度调任甘肃渭源县县长。在县长任上时，地方变乱，治安堪虞。为维持治安，防御土匪，组织民团，修理城池。仍极力提倡、兴办教育，清理诉讼，革除积弊，不遗余力。

征收税赋方面，本着“不罚款、不摊款、不受馈赠”之三不主义，依照省府分配的款亩数目，如数分配给各区乡，将经收粮款布告群众，呈报省府备案，并交代新任，三方数字毫无出入。

渭源县县长任职八个月，因病辞职。

九、1930年，青海建省一年。青海省当局约至西宁，代理民政厅厅长，任蒙藏事务处处长。

又经省府任命为西宁县县长。任事一本初心，依旧打定主意，遵守严格自律的“不罚款、不摊款、不受赠”的三不主义。

调整府衙，减少名额，整饬警察，补修革新监狱。新建看守所，并每日三次，查看看守所，俾合于卫生条件。诚恐县府人员随便押人，呈请不准各方拿名片羁押人民。

在西宁城内及东关外，建立贫民救济院各一所，约200间。

在县署西侧空地，修农民寄宿舍20间，解决当差农民住宿问题。并呈准农忙时不准派差。

仍扩充学校，劝子弟入学读书。

3月，会同视察员张佑新和省政府科员任国钧，历时两月，完成西宁互助一带地理（界）勘查。4月30日勘查完毕。

十、1931年，任青海省政府科长，兼女子师范学校校长。

任女师校长后，立即开除了有违为师之道的教务处长，以正学风。

十一、任青海省教育厅厅长时，发生“索薪风潮”。教育厅成立之初，公库空空如也，全省教师半年不发薪水，民怨沸腾，众官员亦寒蝉噤声。作为厅长，第一个站出来说话。亲自给时任财政厅厅长马敏斋写信，以个人身份名义借支大洋500元，解除燃眉之急。为属下请命，笔锋凌厉、饱含正义，得到全省教职员工的拥护。教育厅经费困难，但青海文化教育事业维持尚好，应与此有关。

在青海省教育厅厅长任上，有一次马步芳派马汉章来见，要求遵前者之命，立即委任某女任省女子师范学校校长，遭先生坚拒，绝不承认。自是，与马步芳不睦。

十二、1932年，在《边事月刊》第1期发表《西北经济概况及开发刍议》，首倡西北开发。提出：“所谓西北，即指陕、甘、青、宁、新五省而言也”，此即“西北五省（区）”发轫之说。

在青海省教育厅任上，政绩颇丰。除了推进建省早期的各项开创性工作，倡导青海教育的良好蔚然风尚和践行进步、先进的教育理念之外，1932年主持了全省教育调查，签发行世《青海教育概况》[1]。

---

[1] 民国二十三年（1934年）10月，由杨希尧厅长签发行世的《青海教育概况》（本书扉页子高先生手迹，即为《青海教育概况》的封面），全面、准确、翔实，反映了青海建省初期，和截止于1934年的全省教育的实际情况，是非常重要的资料。现择其最主要数据简介如下：

全省中等教育方面：

中等学校8所，教职员198人，学生712名，全年经费100255元。

全省小学教育方面：

高级小学50所，教职员229人，学生5414名，全年经费55091元。

初级小学563所，教职员744人，学生20440名，全年经费84577元（以上数据，来自《青海教育概况》）。

回教促进会举办教育方面：

民众学校1处，高级小学12处，初级小学79处，教职员201人，学生5333名，全年经费91250元。

加强同全国新闻界、教育界的联系，促进青海教育事业的发展。顾执中（1898—1995）、陆诒（1911—1997）两位新闻记者所著《到青海去》一书中记载了子高先生与他们谈话中，不但提供详尽准确的数据，而且还和他们深入探讨的美好情形。该书道："……（1934 年 8 月）四日上午九时，我们访青海教育厅厅长杨君希尧于其私邸，蒙告以该省教育情形甚详，并对于蒙藏教育推进的办法，也和我们讨论甚久。"

十三、提出少数民族民众和学生接受现代基础教育有关的一系列先进理念，并努力实行之。主要指子高先生在建省初期，教育厅厅长任上，提出实行的一系列先进理念和工作践行。大略可举出：

1. 各民族接受教育权利平等。子高先生在 1930 年前后多次指出："青海教育情形，（近）年来数量方面，似稍进步，但质的方面，完全仍旧，因人才依然缺乏，经费更加困难。惟回教教育，异常发展，因军政当局特别提倡之故，现已驾全省教育而上之。"子高先生面对此情，深感忧虑，不惜得罪青海高层当局，呼吁平权。

2. 教育工作者在施行少数民族民众和少数民族学生的现代教育活动中，不必时时、处处刻意营造所谓的"环境"。例如，一般都必须找到本土少数民族教师、必须使用"双语教学"手段等。他认为，如果一味追求这种外在环境，反而不利于少数民族受教育者在一定的时间里得到有效的改变和提高。

3. 子高先生提倡蒙、藏等少数民族儿童同校，他认为少数民族儿童"同校后数月之间，言语可通，生活亦渐改善，除食宿或暂特别外，其他一切共同，汉文汉语进步均速，民族隔阂，消除亦易”。

4.与上述理念相联系，子高先生作为青海教育最高首长，他极反对专编蒙、藏、回文教科书，认为这种做法只会增加儿童学习困难，引起民族情感疏远[1]。

十四、1935 年，心道法师在青海传教，流动于湟中、西宁等地讲经。11 月，在西宁人民街成立“西北佛教居士林”。并先后主持成立“西北佛教居士林镇海堡分林”及“西北佛教居士林后子河分林”。受其感化，皈依佛门，受居士一戒。11 月 15 日，访问“西北佛教居士林”。12 月 28 日，与心道法师畅谈佛教教旨，兼任“西北佛教居士林理事长”，在佛教信众中享有很高名望[2]。

十五、1936 年，力阻马步芳兴兵截击红四方面军，当面

---

[1] 提出并实行少数民族基础教育有关的先进理念，主要指子高先生在青海建省初期，教育厅厅长任上，提出实行的一系列先进理念和工作践行。

子高先生的这些先进理念，与马鹤天先生做过深入探讨——早年毕业于日本早稻田大学，历任西北边防督办公署教育科科长、北平民国大学总务长、兰州中山大学校长、甘肃学院院长、甘肃省政府委员、甘肃省教育厅厅长、国民政府铨叙部育才司司长和蒙藏委员会委员等职的马鹤天先生，在 20 世纪 30 年代中国第二次边疆研究高潮中，是非常有代表性的人物，时人对他的工作业绩给予极高的评价——当时（1935 年前后），马鹤天先生被任命为“九世班禅大师回藏专使行署参赞”而途经西宁。在西宁期间，马先生和子高先生两位同僚，就教育问题做过深入探讨。马鹤天先生首肯和赞同“杨君子高厅长”的这些先进理念。

[2] 心道法师，湖北荆州松滋县人，俗姓李，生于光绪三十一（1905）年农历正月初十日。师年十五父殁，深悟人世之无常，欲求了生脱生，遂于十八岁时，毅然依本县岱辅庙师祖天园老和尚剃度出家，取法名源福，号心道。1934 年，受净月老和尚与韩大载居士等资助，赴青海学密宗，即住西宁塔尔寺。从蒙藏族诸大德研究藏文显密经典。未几，法音外传，全青海居士纷纷请师出寺讲经弘法者甚众。并先后成立的佛教团体组织有“西北佛教居士林”“西山堡佛教居士林”“青海省佛教会”，“湟源县佛教会”“西宁佛学会”等二十余处。闻法皈依者约千万余众，依师剃度出家僧尼二十余人。

1935 年，流动于湟中、西宁等地讲经。11 月在西宁人民街成立西北佛教居士林。12 月又改组湟源佛教会为中国佛教会湟源分会，自任理事长。

1936 年，福州鼓山佛学院复请师办学，遂离青东下，是年有《心道法师西北宏法记》在上海道德书局出版。

申明："红军方面系由河西打通国际线路，不来青海打你，你又何必去打他。"马步芳不予采纳。

在省府委员会会议上，马步芳提出要摊收兵费15万元。当即以民间贫苦为由，首先提出反对，致会议不欢而散。

十六、为"湟川中学"创建呕心沥血。1937年，"管理中英庚子赔款董事会"决定在西北、西南创办"湟川中学""河西中学""黔江中学"。当董事会派出陶孟和、顾颉刚、王文俊赴青海实地考察，与地方当局协商并开工建设"湟川中学"时，子高先生作为原[1]教育厅厅长，直接与陶孟和、顾颉刚、王文俊诸位交洽。杨厅长延请董事会诸位到家，全面介绍青海政界实际情况，力主董事会独立建校，避免马步芳集团的插手干扰。

1938年8月，由子高先生操办，在西宁纸坊街租房，将所租房舍修缮后，"湟川中学"即开始招收高中、初中、附小学生各一个班。同时，在西宁西南郊贾小庄动工修建校舍，次年春，中学部迁进新校舍。"湟川中学"正式诞生。

"湟川中学附设幼儿园"的成立，也凝结着子高先生的心血。经过与王文俊先生的深入讨论，他们一起研究出了一个省钱又办事的好办法，决定在子高先生的私人花园"觉园"里成立"湟川中学附属幼儿园"。先生腾空了自家花园东面的四间花庭、厨房和小北楼上的四间房子，将花庭前的蓄水池填平。延请内地一位名叫全淑华的女教师及其丈夫和孩子住

[1] 推测，1937年建立湟川中学时，子高先生可能已经卸任。故，此处用"原"字，以示慎重。

进了小北楼。“湟川中学附属幼儿园”就宣告在“觉园”成立。

首次招生的四十几个孩子来到“觉园”，接受现代新式的幼童教育。填平的蓄水池成了孩子们的小操场，“觉园”中的花草树木，成了全老师最好的教学标本。子高先生家中原有的风琴和玩具小脚踏车，王文俊先生从南京带来的电动小火车、洋娃娃、造型各异的积木，都是孩子们最好的玩具。

十七、接受当时西宁县门街上的德国教会医院的修女、医生从德国带来的植物馈赠，通过杨家花园“觉园”的栽培推广，引进了那时青海少有的郁金香、虎头梅、绣球梅和夜来香等花卉品种。

十八、1952年，子高先生将自己拍摄冲洗印制或收藏保存多年的青海1949年前各大活动的现场照片，民国时期青海的社会生活照片及政要人物题赠肖像等珍贵影像资料全部捐献，赠予青海省图书馆。同时捐赠的还有1721种、4000册《万有文库》和全套《儿童文库》、长期订阅的全套《东方杂志》以及线装古籍《本草纲目》《全唐诗》等[1]。

十九、1953年，为解决“青海省民族歌舞团文工团”办公和排练场地问题，子高先生主动让出自己的住宅和私家花园“觉园”，提供公用。自己和家眷则搬到一座很小的四合院居住。

二十、阻止拆毁西宁城垣。20世纪50年代，西宁开始城市规划和建设，子高先生多次在有关会议上、对有关人士提

[1] 这些资料图书1952年捐献给青海省图书馆后，毁于该馆火灾。先生家中收藏之余部，毁于“文革”。

出完整保存西宁古城墙，据理力争，不惜因此遭到无端批判。

关于其他事迹，1943 年的《中央亚细亚》第 2 卷第 4 期“近代国人中亚研究之回顾”专号上有一篇署名为“麟”的《近代国人康藏旅行之概述》，其中涉及子高先生（杨希尧）的旅青事迹和著述。还有《青海民盟组织的主要创建人杨希尧》一文载于《青海文史资料选辑》第十八辑（1989 年）。文章《话剧在青海的第一次上演》曾发表于《青海文史资料》第十六辑（1987 年）。此外，其事迹还见于《青海省志·人物志》。

先生故乡青海省循化撒拉族自治县人民政府做出决定，杨希尧先生为循化十大历史名人之一，遂建立了《循化十大历史名人》碑刻，碑刻矗立于积石镇黄河高崖，2018 年 5 月竣工。

子高先生一生博学多才，智圆行方，践行公义，服务民众，倡办教育，推广文明生活，疏财仗义，不计个人得失。流传事迹甚多，这里择其要者，略举如上。

刘钦明

2014 年 3 月 2 日撰

2018 年 10 月 5 日注

2020 年 12 月 5 日改

附录之三 杨希尧：循化十大历史名人之一

青海省循化撒拉族自治县文化旅游局的有关领导提议，县人民政府决定，建立了《循化十大历史名人》碑刻。杨希尧先生为十大历史名人之一。碑刻矗立于积石镇黄河高崖，2018 年 5 月竣工。

杨希尧（一八八九—一九七一），字子高，汉族，青海循化人。宣统元年（一九〇九）夏天，杨希尧应试中选，赴北京进入“京师法政学堂”（一九一二年更名为“北京法政专门学校学习。学成归来，在甘肃省垣兰州法政类、专门职业类学校任教。辛亥革命中参加同盟会人称“甘肃革命巨子”。后出任甘肃（今宁夏）海原县县长；担任甘肃公立法政专门学校（今兰州大学）教务主任，于一九二六年三月辞职；任甘肃（今青海）西宁县县长。一九三一年六月一日，青海省教育厅正式成立，杨希尧出任首任厅长，兼任省政府委员。中华人民共和国成立后，杨希尧当选为省人民政府委员，先后出任西北土改工作委员会委员、民主同盟中央委员、青海省体育运动委员会主任、民主同盟青海省支部筹备委员会主任、民主同盟青海省省委主席、青海省政协委员等。杨希尧一生经历传奇，政绩突出，成为影响青海历史的重要人物。

附录之四 《西海都市报》介绍《青海风土记》

西海都市报

2015 年 3 月 16 日 A28 版

第一阅读 · 老西宁

杨希尧著述《青海风土记》

口述：杨恺

记录：本报记者赵新丽

20 世纪二三十年代，在“开发西北”的呼声下，一大批考察家来到西北。他们在极其困难的条件下，用力所能及的方式对这片土地进行了深入细致的考察，用自己独特的视角和思维方式为世人了解西北打开了一扇窗，在当时社会上引起了很大的震动，为人们认识西北、开发西北起到了重要的先导作用。其中写青海的有周希武的《玉树调查记》、曹瑞荣的《青海旅行记》和杨希尧的《青海风土记》等。

3 月 11 日，在西宁市城中区的一个小区里，记者见到了杨希尧先生的小儿子杨恺。春日的阳光照进客厅里，留下斑驳的影子，今年八十多岁的杨恺老人回忆起了他的父亲杨希尧先生，以及第一次读《青海风土记》时的情景，时光仿佛回到了昔日……

《青海风土记》成为藏界珍品

我的父亲杨希尧已经去世多年了，最近，孙辈们告诉我一件事，让我又想起了父亲。一天，孙子打来电话说："爷爷，你上网，网上太爷爷的书《青海风土记》被拍出了高价！"

放下电话，我想起了第一次听说这本书时的情景。20 世纪 40 年代，我大哥去北京上学，他在北京大学的图书馆里见到了父亲的《青海风土记》。大哥当时很自豪，放假回来就和我们说起了这件事情。当时，我在湟川中学上学，听了大哥的话就到父亲的书房找出了这本书，读了起来。

这本书一共分为十个章节，分别从衣食、居处、物产、丧葬等方面写出了当时青海的风土人情。当初读的时候，我并不理解父亲为什么要写这样一本书。书中写出了青海当时的状况，在父亲的描述中，人民生活特别困苦，那种情况就连我这种土生土长的西宁人都觉得有些不可思议。

决计为青海立传

后来，我从父亲的言谈中，才了解到父亲为什么要写这本书。父亲是循化积石镇人。幼时在县里就读私塾，16 岁中了秀才，在循化传为美谈。1909 年，父亲进入北京法政专门学校学习，1914 年毕业，1916 年返回兰州。

父亲在北京读书期间，正值资产阶级改良运动高涨，虽然经过戊戌变法失败，但从朝野改良的思潮仍然活跃。尤其是在京各类学堂读书的学子，容易接受新思想、新情况。父亲一到北京就在同学和老师的影响下参加了同盟会，接受了资产阶级民主思想，积极参加学校组织的各项革命活动。

当时，他在北京读了不少的书，也接触了不少的报纸杂志。他读到许多写大城市的书籍、文章，发现写西北的书籍、文章少之又少，更别提谈到青海的了。因为父亲是青海人，他特别想把家乡介绍给全国人民，所以就萌发了写一本介绍青海风土人情书籍的愿望。就如他在自序中写到的那样：青海是祖国的一部分，虽然地处偏远，但应该让世人知道这个地方的存在，我写这本书的目的就是为世人研究青海提供一些参考。

深入青海收集素材

父亲毕业后到了兰州，先后担任甘肃省立法政专门学校教师，开授《法学通论》《商法概论》《工业政策》《民法物权》等课程。他不仅教授学生民主思想，而且反对北洋军阀统治，特别是甘肃省在民国仍然实行满清帝制体制的状况，他主动参加了反对北洋军阀的地下革命组织，并于1914年积极反对甘肃督军张广建倒行逆施，反对民主的活动。行动失败后他被军阀通缉，连夜逃亡，避居于青海黄南和海南牧区。在牧区，他深入帐房羊场，进行社会调查，为之后的《青海风土记》积累了素材。

对于那一段经历，父亲并没有和我们深谈过，但从他的只言片语当中，我了解到，当时他的社会调查一定非常不易，一方面要躲避军阀的追捕，一方面又要在恶劣的自然和社会生活条件下求得生存，也许正是因为这样，他写出的这本游记才更加真实。

被军阀追捕的事件过去之后，父亲又回到了兰州，在兰州中学任教导主任。这时，青海建省的呼声开始高涨，一些关于分省的会议不断在兰州召开，当时正值暑假，兰州中学的教师都被调派去会议上帮忙，我的父亲也在其中。一天，父亲遇到马麒，因父亲讲一口循化方言，引起了马麒的注意。当马麒得知，父亲是青海人时，认为青海出了父亲这样的人才很了不起，就力邀他回青海工作。于是，父亲就回到了青海。

父亲回青海先做了盐政局的局长，一年后，又任西宁县县长。青海建省之前，西宁县管辖着6个区，建省后，开始清丈土地划分各地的边界。父亲作为西宁县县长，带人去青海各地勘察，顺便了解各地风情。这一次勘察，为他积累素材写出《青海风土记》也提供了不少的便利。

照片插图全由父亲拍摄

我的家里有一部旧相机，记忆中，父亲经常摆弄它。父亲还在家中布置了一间暗房，专门用来冲洗照片。我小时候对于暗房非常好奇，常想在父亲冲洗照片的时候偷偷进去看看，那些照片是怎么被洗出来的，这时父亲总是关着门不让我们进去。那时候，胶卷、冲印用的显影粉之类的东西，西宁并没有卖的，父亲就托人从北京、上海往回带。

《青海风土记》这本书中有 8 张照片，这些照片都是父亲自己拍摄、自己冲印的。现在看来，这些照片是如此珍贵。因为在当时的西宁，照照片也是一件很稀罕的事情。

周希武作序

这本书中，有三篇序文。一篇是父亲的自序，另外两篇，一是周希武所作，一是林竞所作。

周希武是在近代青海历史中举足轻重的人物，他在序文中说："（作者）以社会学的眼光，写实派的笔墨，刻画青海风俗，淋漓尽致……《玉树调查记》中的风俗一部远不如杨君详明。"这无疑是对这本书的最高评价。林竞也认为，这本书是人们到青海来的一个指南针。

《青海风土记》印制了三次，一次是在 1928 年由西宁区公署印刷局印制，其余两次分别是由新亚细亚学会在 1931 年、1933 年出版。我家中原藏有几本，1949 年后，父亲将这些书捐给了省图书馆。

A28 | 第一阅读·老西宁　责编:赵新丽 值班主任:李皓 责校:卓玛 热线:96369　西海都市报 2015-03-16 星期一

杨希尧著述《青海风土记》

口述：杨恺
记录：本报记者 赵新丽

口述

上世纪二三十年代，在"开发西北"的呼声下，一大批考察家来到西北。他们在极其困难的条件，用力所能及的方式对这片土地进行了深入细致的考察，用自己独特的视角和思维方式为世人了解西北打开了一扇窗，在当时社会上引起了很大的震动，为人们认识西北、开发西北起到了重要的先导作用。其中写青海的有周希武的《玉树调查记》、曹瑞荣的《青海旅行记》和杨希尧的《青海风土记》等。

3月11日，在西宁市城中区的一个小区里，记者见到了杨希尧先生的小儿子杨恺。春日的阳光照进客厅里，留下斑驳的影子，今年八十多岁的杨恺老人回忆起了他的父亲杨希尧先生，以及第一次读《青海风土记》时的情景，时光仿佛回到了昔日……

《青海风土记》成为藏界珍品

我的父亲杨希尧已经去世多年了。最近，孙辈们告诉我一件事，让我又想起了父亲。一天，孙子打来电话说："爷爷，你上网，网上太爷爷的书《青海风土记》被拍出了高价！"

放下电话，我想起了第一次听说这本书时的情景。上世纪40年代，我大哥去北京上学，他在北京大学的图书馆里见到了父亲的《青海风土记》。大哥当时很自豪，放假回来就和我们说起了这件事情。当时，我在湟川中学上学，听了大哥的话就到父亲的书房找出了这本书，读了起来。

这本书一共分为十个章节，分别从衣食、居处、物产、食粮等方面写出了当时青海的风土人情。

当初读的时候，我并不理解父亲为什么要写这样一本书。书中写出了青海当时的状况，在父亲的描述中，人民生活特别困苦，那种情况就连我这种土生土长的西宁人都觉得有些不可思议。

决计为青海立传

后来，我从父亲的言谈中，才了解到，父亲为什么要写这本书。

父亲是循化积石镇人。幼时在县里就读私塾，16岁中了秀才，在循化传为美谈。1909年，父亲进入北京法政专门学校学习，1914年毕业，1916年返回兰州。

父亲在北京读书期间，正值资产阶级改良运动高涨，虽然经过戊戌变法失败，但从朝野改良的思潮仍然活跃，尤其是在京各类学堂读书的学子，容易接受新思想、新情况。父亲一到北京就在同学和老师的影响下参加了同盟会，接受了资产阶级民主思想，积极参加学校组织的各项革命活动。

当时，他在北京读了不少的书，也接触了不少的报刊杂志。他读到许多写大城市的书籍、文章，发现写西北的书籍、文章少之又少，更别提谈到青海的了。因为父亲是青海人，他特别想把家乡介绍给全国人民知道，所以就萌发了写一本介绍青海风土人情书籍的愿望。就如他在自序中写到的那样：青海是祖国的一部分，虽然地处偏远，但应该让世人知道这个地方的存在，我写这本书的目的就是为世人研究青海提供一些参考。

深入青海收集素材

父亲毕业后到了兰州，先后担任甘肃省立法政专门学校教师，并授《法学通论》《宪法概论》《工业政策》《民法物权》等课程。他不仅教授学生民主思想，而且反对北洋军阀统治，特别是甘肃省在民国仍然实行清朝帝制体制的状况，他主动参加了反对北洋军阀的地下革命组织，并于1914年积极反对甘肃督军张广建倒行逆施，反对民主的活动。行动失败后他被军阀通缉，连夜逃亡，避居于青海贵南和海南牧区。在牧区，他深入帐房羊场，进行社会调查，为之后的《青海风土记》积累了素材。

对于那一段经历，父亲并没有和我们深谈过，但从他的只言片语当中，我了解到，当时他的社会调查一定非常不易，一方面要躲避军阀的追捕，一方面又要在恶劣的自然和社会生活条件下求得生存，也许正是因为这样，他写出的这本游记才更加真实。

被军阀追捕的事件过去之后，父亲又回到了兰州，在兰州中学任教导主任。这时，青海建省的呼声开始高涨，一些关于分省的会议不断在兰州召开，当时正值暑假，兰州中学的教师都被调派去会议上帮忙，我的父亲也在其中。一天，父亲遇到马麒，因父亲讲一口循化方言，引起了马麒的注意。当马麒得知，父亲是青海人时，认为青海出了父亲这样的人才很了不起，就力劝他回青海工作。于是，父亲就回到了青海。

父亲回青海先做了盐政局的局长，一年后，又任西宁县县长。青海建省之前，西宁县管辖着6个区，建省后，开始清丈土地划分各地的边界。父亲作为西宁县县长，带人去青海各地勘察，顺便了解各地风情。这一次勘察，为他积累素材写出《青海风土记》也提供了不少的便利。

照片插图全由父亲拍摄

我的家里有一部旧相机，记忆中，父亲经常摆弄它。父亲还在家中布置了一间暗房，专们用来冲洗照片。我小时候对于暗房非常好奇，常想在父亲冲洗照片的时候偷偷进去看看，那些照片是怎么被洗出来的，这时父亲总是关着门不让我们进去。那时候，胶卷、冲印用的显影粉之类的东西，西宁并没有卖的，父亲就托人从北京、上海往回寄。

《青海风土记》这本书中有8张照片，这些照片都是父亲自己拍摄、自己冲印的。现在看来，这些照片是如此珍贵，因为在当时的西宁，照照片也是一件很稀罕的事情。

周希武作序

这本书中，有三篇序文，一篇是父亲的自序，另外两篇，一是周希武所作，一是林竞所作。

周希武是在近代青海历史中非常重要的人物，他在序文中说："（作者）以社会学的眼光，写实际的笔墨，刻画青海风俗，淋漓尽致……《玉树调查记》中的风俗一部远不不如杨君详明。"这无疑是对这本书的最高评价。林竞也认为，这本书是人们了解青海的一个指南针。

《青海风土记》印刷了三次，一次是在1928年由西宁区公署印刷局印刷，其余两次分别是由新亚细亚学会在1931年、1933年出版。我家中曾藏有几本，解放后，父亲将这些书捐给了省图书馆。

杨希尧旧照

青海風土記

《青海风土记》封面

《青海风土记》内页

本版图片均为赵新丽翻拍

征稿

欢迎您讲述和这个城市有关的故事，与我们一起分享这个城市的记忆，与我们一同回味那些渐行渐远的往昔。

老照片：一切有关西宁的照片，无论是人或事，也无论是西宁的风光或是街巷的市民生活……（拍摄年代在2000年之前）口述：如果您亲身经历了这个城市发展变化的重大事件，欢迎您讲述事件的来龙去脉以及亲身经历，或讲述，或片断，但求真实准确，如有照片等佐证更佳。

投稿请注明：老西宁
电子邮箱：
704083706@qq.com
投稿地址：西宁市长江路5号西海都市报社《老西宁》版
邮编：810000

老西宁
青海新闻名专栏

版面左侧三幅照片（均为赵新丽翻拍）：
1. 杨希尧旧照
2. 《青海风土记》封面
3. 《青海风土记》内页

附录之五

《青海风土记》原著影印

《青海风土记》原著影印

排 版 说 明

原书文字竖排成列，首列在右，末列在左。

原书由左向右揭开。

所以，敬请读者注意——

《青海风土记》原著影印部分，每页排列四幅原著页面。

阅读顺序是：

左上页→左下页→右上页→右下页。即：【下左图示】

影印各页面内，是从右到左的竖列。即：【下右图示】

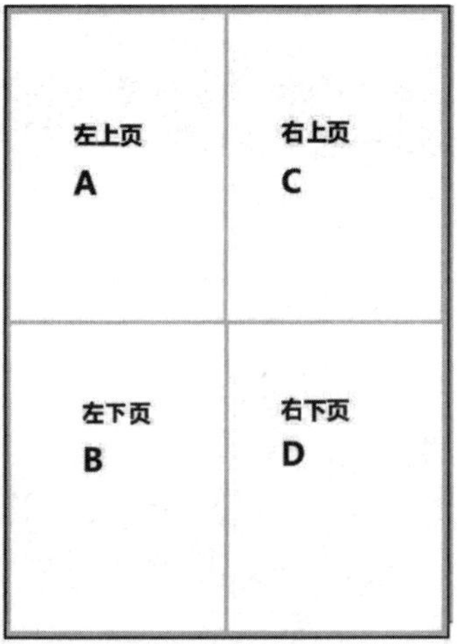

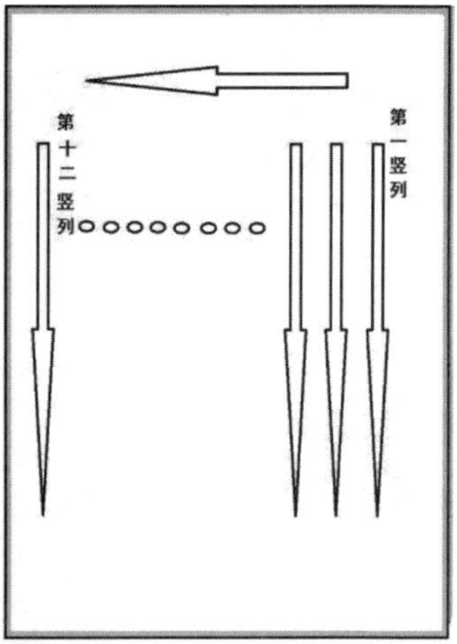

青海風土記

土人婦女 青海氏族複雜，約別之爲漢回蒙番土五族。此係西寧縣東北一帶之土人婦女，服裝奇特。此族自認爲沙陀國李克用之後。

果洛番族 此族最爲凶悍，以掠奪爲能事。住拉加寺以西黃河一帶尙有食生肉者。此圖中立者係果洛番女王，前坐者係其承嗣之子，左右乃其近侍。

洞潤爾寺 在日月山北麓，距察漢城四十里，距海約八十里。清時祭海均以此爲館驛，各王公皆集此迎候。僧侶約二百餘。

番民敬神 番族信神甚深，有從拉薩叩至塔爾寺者。大金瓦殿前用堅實樺木鋪地，據云木板磨深至三寸餘，每年一換。有每日叩首至三千者，至少亦須三百方爲及格。即十萬頭爲整數。叩必五體投地。

農人 西寧縣，后子河村農產甚富，惟所用農具極爲笨拙。

商人 青海盛產皮毛，商人屯買，販運至平津出口。歲値甚鉅。以全牛皮爲袋，實以皮毛，聯袋爲筏，由西寧湟水起運至甘肅，入黃河，即可直達包頭。每筏可載皮毛二萬斤。

帳房

野馬羣

青海風土記目錄

插圖八幅

△封面照片說明▽

此圖地址在青海之東南隅，右方之白者爲海耳，番子以其像人有耳也。當中之白道係倒淌河，迤北爲沙山，東連高山，西伸海中，流入海之河周圍共有一百零八道。海之所以能保持常態而不致溢者，全係沙山吸水之力；故番民稱沙山爲海虎，以其能吸水也。

林序

楊子高先生著青海風土記，要我做序，我把要說的話寫在下面：

我們要想革命成功，國家富強，必須人民對於促成國家文明進步的各種觀念，平衡發達，然後纔好。雖說在革命時代，力量要集中起來；但不必一定要各種藝術家、文學家、科學家、個個跑到戰場上去，拋炸彈，放手槍，或者個個拿起筆來，終日不斷寫「犧牲！努力！奮鬥！打倒！」就算完事。總要個個努力，分工合作，殊途同歸，一齊都歸到革命成功的標點來，那纔對。所謂『破壞無忘建設』也就是這種意思。我們近來很覺得一般人都歡喜望熱鬧的地方跑去，於是東南便擁擠得要出汗，西北便冷靜

得要出鬼。在文字方面，也是說理的多，而寫實的少；消遣品多，而應用品少；談政治問題的多，談社會問題的少；優美華麗的文字多，平淡嚴肅的文字少。像此種畸形的發達，縱然革命軍把全國都統一了，我們仍未敢相信革命的基礎算穩固。所以我常說：我們總要常常存一種「人棄我取」的心。這是什麼意思呢？就是勸人不要向熱鬧地方去，要向冷淡的地方來，不必向光明地方去找光明，要到黑暗地方去求光明；不要只向破壞一邊去，要分些到建設一邊來。換言之：就是人家所願走的路，我不一定走；人家所要吃的飯，我不搶着吃，人家所要做的事，我不要爭着做。我們要做彌補缺陷的工夫，不要享自然現成幸福；要存創化的、禮讓的、犧牲的精神，不要有因襲的、掠奪的、墮落的行爲。青海風土記的著者，和青海風土記的性質，都暗合我平日所主張，而都免了中國今日所患的毛病。這就是我極爲歎慰的一件事。

人類是充滿了惰性的，「人棄我取」的修養，是不容易的，尤其是現在中國的一般人。走過青海的人，總覺得住不慣那種擋不住風雪的黑牛毛帳房，吃不慣那種三分獸糞七分白麵的糌巴，聞不慣那種由人畜身上分泌出來而化合的一種怪味，聽不慣那種嘰哩咕嚕的番話，和那種牛鳴獅吼的誦經聲，看不慣那種面目猙獰、終身不浴、裸臂露腿的男女，走不慣那種自有地球以來未經人工修理的道路。

在我卻以爲騎上一匹馬，奔馳在蒼蒼天、茫茫地的當中，實在含有無限的詩意和藝術美在裏面；同時又覺得凶暴的帝國主義者，要把美麗的河山一口氣吞進去，而蟠踞此間的弱小幼稚的同胞，又要隨天演以淘汰，反使我發生了無限的熱情，一直只想望裏面衝。同胞！你們滿身都擠出汗來了，趕快到青海去透透風吧！青海風土記就是你們一個指南針！

時代的流轉是不等人的，文字價值是跟着時代走的。民國五年我去新

疆，回到內地談起西北兩個字，聽的人十個倒有九個要瞌睡。民國七年我著了一小本新疆紀略，商務印書館恐怕無人買，也就不肯代售。然而十幾年來，在各處和許多同志們天天叫喊着「開發西北！開發西北！」到了民國十三年以後，居然叫醒一部分人到西北來了。而開發西北的文字也就不斷的見面。書館的老闆們對於此種文字想必亦不至拒人千里之外了。

青海風土記聽說是民國七年著的，在家裏居然睡了好幾年，一直到現在，纔可可憐憐的付與西寧區公署印局去印，實未免使我有新疆記略的感想！但是時代的神已經來了，文字的價值要跟着時代轉了。請看！不到十年內地一般大佬們都把弈地剝光了，剩下一息尚存的疲弱民衆們，非跟着東南風吹向西北來是不可的了。尤其是革命成功後，軍隊遣散的問題是非找西北來安插不可的。青海風土記的著者呵！你靜心耐着吧！你再不斷的努力向前進吧！

民國十七年二月一日浙東行者林競序於甘肅西寧區行政長公署

周序

余友楊君子高，甘肅革命鉅子。民六大道之案，君在被捕之列，遂亡命青海，寄食番寺，餐氈噬雪，艱苦備嘗；並以其間調查番族風俗，著爲此記。事隔十年，始出以示余。余略讀一遍，見其以社會學的眼光，寫實派的筆墨，刻畫蠻俗，淋漓盡致。其材料皆得自目驗，故與世之專采風聞者，頗有膚切之異。其記述全出自心裁，故與世之剽竊掠名者，大有死活之分。余十餘年前，亦遊歷青海南部，曾著玉樹調查記；其中風俗一部，遠不如楊君之詳明；故敦促付印，並爲此敍，使世之研究西北邊事者，知有楊君子高云。

民國十七年天水周希武敍於湟中

自序

民國七年夏，我漫遊青海，瀏覽山川，考查民俗，經一年多天氣。說他蠻野，的確有可採的地方；說他文明，可是他又非常蠻橫。實係纔離圖騰社會進步到部落遊牧時代。不過無論如何，旣爲我國土地的一部，總不可不知其底細。

學士大夫，動輒說出洋留學，模倣外國人，固然沒有甚麼不是；然使不知道自己，縱學得外國，也無濟於事。譬如本國的事物是材料，外國學來的是各種方法。現在連材料還認不清楚，卽使有了方法，從何下手呢？所以人家往外跑，我往裏跑；人家向文明地方去，我向野蠻地方去，人家

寫旁人的奇巧，來供獻自家人；我寫自家的實情，來給大家研究。這是我寫這本風土記的本意。

婚姻　第一

青海民族的嫁娶婚 這種婚姻，當初由媒人、兩家父母和男女本人，當面說好，也不行什麼禮節；兩家只預備嫁娶。女家請一位會唱的老婆教女兒唱歌。學習歌唱時，恐怕肉類害了嗓子，只吃些牛乳素食。原來青海女子，自從會說話就學唱歌，到出嫁時候，也沒有不會唱的。不過家中老

人，怕唱的不迎人，所以出嫁的兩三月前，不能不有這番舉動。經過這一次學習，當然越好了。到了吉期，男家的親族鄰右人等，拿着布疋茶葉等件，趕着牛羊馬匹，——這些東西，因貧富多少不同，但沒有不用的。——到女家去迎。女家又有些人來送。新娘騎着馬，放聲高歌；她的聲音，又婉轉，又清脆，令人聽着不厭。所唱的歌詞，誇兩姓之好，伸謝償用，寫風景，抒心願，決不涉及淫邪。至於歌的體裁，和中國古時興比賦三晝，大致相同，而尤以比體爲多。沿途聽的，送迎的，就以她所唱的歌，斷定她性情的好歹，智力的強弱。及到了男家，也不行甚麼禮。男家大開筵席，請男女老幼，露天圍坐——夜間坐在帳房底下。每人送冷酒一碗，旁邊排着酒瓶數十個。主人並不勸酒，隨意自飲，更無肴饌佐酒的東西，一味以唱歌取樂。女子唱時，手持男子高帽，一面歌，一面舞，由本人的坐位起，以次賬各人面前，逢着意中人，將帽置之懷中。那男子便起身答唱

，仍將高帽擱在能唱的女子懷中，那女子又復起身答唱。循環往復，沒有中止的時候。初則喜曲，繼則變爲酒曲，終則淫詞邪調，衝口而出。此時年老人多半散去，若有不願意去的，看見女兒或妹妹唱歌，覺得不好意思，便低着頭躲到人羣中，裝着聽不見、不願聽、不忍聽的樣子。若是夫婦關係，那就不成問題，仿彿西洋人讓坐，偏把夫妻分開，坐在旁的男女跟前，大家不分你我似的。如此鬧到半夜，每人散給半生半熟的牛羊肉一方，各人抽出腰刀，一塊一塊割着吃。吃不了，兜着走，算是一段婚姻成就了。明天各作各事，甚麼「三天」「彌月」，他們是全沒有的。

青海民族的贅婚及重女輕男 青海人性情強悍，喜飲酒，好殺人；殺了人決不償命，不過賠命價。因是傾家蕩產的，不計其數。但作這些事的，都是男子，女子是決沒有的。又男子遊手好閒，不作生產事業；生產事業，認爲女子的天職，所以他們有了女子，不願叫她出門；生了男子，

千方百計，總叫他脫家辦門，免得惹禍招災。青海盛行贅壻，全是這個原因。贅壻便是女子招個男子作她的丈夫。男子出去，又給他家女子作丈夫。這樣一來，贅壻就沒有處分財產的權限，仰着老婆的鼻息，過他的日子；不輕易生事，財產就保得住了。至於結婚的儀式，是和娶婚一樣，不過不送聘禮罷了。

青海民族的任意婚 父母愛惜他的女兒，不忍叫她出門；家中沒有男子，留她立門當戶。女子擔任家務，異常勞苦；父母爲着財產，不願叫她出門。若是招了壻，又恐怕仍免不了禍水，於是想出一種特異的婚姻方法：等女子到了十五六歲，便把女子的髮辮改作婦人的髮辮，認爲業已成婚。於是生男養女，一如平常婦女，也不問由那裏來的。所以生下子女，不知那個是他的父親，連他的母親也說不清是那一個。這叫做任意婚。

自由戀愛 青海人民，把男女私交，看得不甚緊要；所以男女自由戀

愛，毫無忌憚，也不知羞恥貞節爲何事。一夜纏頭，不過洋布一丈。他們父母又認爲一種生產事業。掙得布來，逢人便說。女子年至十二三，已非完物。有人姦汚十二三歲女子，從沒有聽見她的父母認爲強姦，興師問罪的。男子又十分豁達，娶妻不問完璧與否。老婆有了孕，正正堂堂，生了下來，她的丈夫也不去算算月日，果否相對。紅泛桃源時，更不知禁止。墮胎避孕，又是夢想不到的事了。青海人民，又把男女居室的一事，當作不可缺少的一件事，所以沒有娶妻，沒有嫁人的，都有情人。山阿水干，無處不可幽會 男子與女子終日遊戲，沒人干涉。要是見了旅客獨棲，以爲孤獨生活，係世間最苦的事，他們會行方便，介紹一個婦女作伴。萬一不得相當婦女，就是自家老婆，也願相假。頭目人等，夜夜引他人婦女來侍寢；不然，就覺得不威風了。

養育　第二

小兒養育之容易

青海婦女有了孕，決不像內地婦女以爲不得了，什麼事須家人扶持，還要藥餌調養，終日睡在床上，動也不動。她却是行無所事，工作一如常日。所以到了生產的時候，非常容易，往往在山中牧羊，生下小兒，揣之懷中；若是恰巧遇着母羊生下羔兒，也是揣之懷中；一左一右，帶回帳房，便把孩兒羔子，拋在地下。於是又去取水作飯，作其他工作，毫無爲難情形。孩子身下鋪張羊皮，上面再蓋上一張，已是洞天福地；啼哭任他啼哭。母親日間只喂兩三次乳子，算盡了作母親的責任

。到了兩三歲，自己能行動時，用毛繩一根，縛在小兒脚脛骨上；繩子呢，又拴在帳房柱子上。——相傳有好些小兒，因爲沒有把他拴住，自己扒到灶子旁邊，掉下火炕，腦袋燒了一大片，還有燒死了的，所以用這種法子。——我們常常看見，一面拴着小孩兒，一面拴着牛犢兒、小羔兒，兒女跟牲畜一樣看待，煞是可笑。中原落魄的人，往往留落在青海地方，穿他們的衣服，說他們的話，吃他們的東西，找上幾味不關痛癢的藥物，爲人看病。小孩生天花，就請這些人亂種。他的運氣好，一部落的小兒安全出過了，就發一注小財；若是氣運不佳，弄死一個小孩，滿部落的人同來問罪，一陣亂打，那大夫免不了頭破眼睛，抱頭遠颺，不是餓死，便是凍死；再不然也要被虎狼吃死，休望生還故鄉。可是他們的小孩自然出花，或是得病死了，他們只說是天意，把尸首拋了出去，不見得多麼痛苦。

小兒之遊手好閒

女兒長到十一二歲，跟着她母親一塊兒做事；男子

便活到十五歲，也不管事，一定要到了二十歲左右，娶了妻小，到了人家當了醫塔，然後一心一意做男子生涯。至於小兒衣食住，跟大人一樣，茲不重述。又青海民族父兄對於子女，沒有甚麼教訓，小兒也沒有甚麼學習。所教所習的，只有一件，就是唱歌；教的勤苦，學的勤苦，這也算是青海民族的一種特性呢！

衣食　第三

- 青海民族的衣服
- 男子的服飾
- 婦女的服飾
- 青海民族的飲食
- 青海民族的晚飯
- 貴人貴客
- 青海民族的蓄毛
- 青海民族的美味

青海民族的衣服　青海內部只有一二處天氣稍爲和暖，其餘均屬寒冷地方；雖在盛夏，山上常有積雪。所以他們的衣服以皮衣爲宗，終年不大更換。稍有財產的，夏月穿穿薄毛皮衣，普通人多夏都是長毛皮衣。這種長毛皮衣，用老羊皮作成，間有用粗洋布作面子的，但亦不常穿。家產富

足的人，頭目人等，用緞子打面子；外面既係緞子，裏面就用薄毛，決不用老羊皮；縱使天氣過冷，他還是不穿長毛，只管一層兩層套着薄毛皮衣。有時凍的不得開交，亦只咬着牙關硬耐，以爲體面攸關，穿了長毛，怕人恥笑。衣服的顏色，最歡迎紅黃紫三種，間有用藍色的、黑色的，灰白色差不多認爲禁用品。又緞子和布疋，是由內地商人手裏拿羊毛皮子來換的。做衣服的羊皮，是自家產品，用不着交換。

男子的服飾　青海民族的衣服材料，前邊業已說過，無論老少男女，都是一律。可是他們衣服作成方法，男女大不相同。男子衣服，圓領長袍，袖與身，長均及地，異常寬大，展開來仿彿一床大被；光着身子穿、上邊沒有紐扣，用一根帶子束着；下𦈢提至膝蓋上邊；上半截衣服隆起如口袋。這也有用意：第一走路方便，困不着腿子，第二如有攜帶的東西，便放在衣服裏，省得提攜；因爲膝蓋以上有皮衣遮護，以下有長腰皮靴暖腿

，所以皮衣底下，只穿一件單褲，冬夏不換。靴用牛皮作成，靴腰有用布的，有用皮子的，赤着脚兒穿着。夏天不用這種皮靴，都是赤脚。帽子高圓尖頂，裏邊用毡，外邊用布，周圍緣着羊皮、狐皮。衣服緣邊，也是這樣。有錢的，有用五分寬帶針的獺皮；獺皮一去了針，他們就不認識了。所以他們見了我的外嗐領子決不信是水獺。他們說：『第一領子上沒有長毛，第二水獺皮價值不小，也沒有像這樣整個兒用的。』他們到了夜間，沒有被臥，身上穿的衣服就算被了。沒有枕頭，用一塊石頭，上邊襯着單褲，就算枕頭。身上鋪着兩張生老羊皮，覺得舒軟暖和，就算褥子。

婦女的服飾

婦女衣服，也是圓領，身長及地，袖子甚短，剛及手腕，爲的便於作事。腰身較男子衣服略窄。裸體穿着，不用襯衣，更不穿褲子。腰束布帶，前後心不作口袋模樣。下擺及地，形式上便與男子不同。頭上非出門不戴帽子。帽子較男人的略小，形式一樣。脚上冬天穿皮靴，

夏天赤脚。靴子男女可共用。婦女頭上編着幾百根髮辮，約一兩月梳洗一次，每次總得一天工夫。因爲辮子數兒過多，急切梳洗不了。上邊掛上銀子的首飾，整個的瑪瑙石。耳上帶環子，大小輕重有各種形式，簡直是內地婦女的鐲子了。此外還要乘着兩串珊瑚，有眞的也有假的。前身帶子上，掛着半觔重銅鈎，鈎上有粗布手巾一方，後邊髮辮下垂，也拴上多少銀子石頭等東西，以爲美觀。衣服明披夜蓋，跟身子一樣。惟無論冬夏，常袒着右臂，露出右乳房。到了夏天過熱，便把上半截衣服脫下去，自肚臍以上，露出在外，險些兒變作了模特兒。最可笑的，黝黑的皮膚上，垢膩層層剝落，除了有病的時候到溫泉裏洗澡外，一輩子不會洗浴。每天早起用茶碗盛着半碗冷水，蘸着洗臉；若在冬天，臉也尙未洗完，碗邊上已經凍結了冰塊，因爲她們既用冷水洗臉，又須在帳房外面，所以冷的非常；且不能多洗，多洗被冷風吹着，汽氣都上不來了。她們洗臉洗手，不知是

何意思，要是爲着乾淨，可是洗完了以後，垢膩仍然存在。有一日主人的妻子爲我作麵，那個女人曾到過西寧邊境，所以會作麵；其餘的婦女，都不知道這種作法。她特意洗了再洗，不料不洗便罷，一洗反把垢膩泡軟，到和麵的時候，一塊塊直掉落在麵上，黑白分明，格外顯眼。我用番話囑咐她去了。又不料不說倘好，一說她覺着不好意思，連忙把垢膩揉到麵裏，終究免不了還吃到我肚裏去。呀，眞正可憐！

青海民族的飲食

他們吃的東西，大宗是肉類，─有完全吃生肉的部落─小宗是炒麵。其餘的東西，就是牛乳的各種產品。肉類係牛羊肉，猪肉是絕對不吃。牛羊自己生產，不容外求。不過只要是肉，就拿來吃，決不像內地的人定要吃什麼肥的、羯的、好的、新鮮的，還要用刀子殺了的。吃的方法，除了生吃，就是煮着吃；更不像內地人有炒、煎、燉、煮、燒、黃燜、清蒸的許多法子。炒麵是用羊毛和皮子由內地中換去的青禾，

──形似麥，色黑，內地人認爲雜糧之一種。──在鍋內炒熟，再用手磨推作麵粉，便成炒麵。每頓飯時，先喝茶，喝茶十足，然後在碗內擱一些麵，拌而食之。牛乳製成的東西不少，比方酥油、酸乳、膠乳、乳渣、乳餅、乳飯等等，算是美味，非充飢要品，所以他們十分珍重。他們吃飯情形，每天清晨起來，用甆燒茶一鍋；──磚茶及松潘茶──男女圍着灶頭兩旁坐下，主婦在各人碗內放酥油一片，炒麵一撮，盛茶給大家飲。且飲且談，經一兩時之久，各人茶已喝足，這時酥油因浮在茶面，也被喝完，炒麵仍沉在碗底，各人將碗交給主婦，主婦從雙格木匣中，──一格裝酥油，一格裝炒麵──再取酥油一大片，炒麵一大撮，擱在碗中，交付各人用手拌攪，炒麵酥油融成麵泥，然後徐徐吃之。吃了後再喝茶一二碗，起身作事。一日之間，每隔一二小時，照前次方法吃炒麵一回。有出帳作事的人，定要他喝上些茶，吃上些炒麵。甫經回來，也照樣飲食一次。有客

到帳房來，也拿這些東西款待。若是尊客到來，格外給一塊饝吃。——饝是由內地帶去，經年擱在帳房，其乾非常；因為天氣寒冷，雖是經年，也不會壞。余每飲——內地每吃必飯，故云吃；青海人多飲少吃，故云飲。——主婦給饝一塊，優禮再沒有了。有錢的人亦有買些掛麵擱在帳房，預備待客的。

青海民族的晚飯

到了日落時候，連油燈也沒有。我的洋燭點完了，沒地方買，只好隨着大家瞎坐罷了。主婦把灶子燒着，一面借光，一面作飯。他因為優待我起見，特地從裝毛皮袋中，取出經年的臭肉一塊，拋在鍋裏來煮。拋肉的時候，往往打的鍋水四濺，噴我滿面。其初覺着不高興，日久慣了，也不去管他，漫漫煮着，說話的說話，作事的作事。說話的在灶子旁邊，多係男人；作事的在帳房外面，大半是女人。因為他們慣了，在我們伸手不見五指的地方，他們却是看得明明白白，照常作事。主婦

拿着肉，放在襟上，右手用刀，劐作核桃般大的肉塊，約有半升之多，提起大襟，向鍋內一倒，連前放的肉一同煮着，專等外邊人作事。那知我飢腸轆轆，坐在灶子旁邊，只管望吃，我望的越利害，人家越不給我吃。這可不是故意，等到外邊事情作完了纔有吃呢。好容易等到十點多鐘，外邊的人進來了，主婦纔取出那半生半熟的肉，拋到我懷裏，叫我吃。這時我的高興，無異身膺九錫，急忙抽出腰刀劐而食之，實在香甜，就是魚翅酒席也不及他。主婦再把青禾麵粉，撒上半碗到鍋裏，略略一滾，仍用各人的碗盛給大家吃喝。為什麼叫吃喝呢？因為清清麵湯中，幾塊肉丁在那裏浮着，所以叫作吃喝。這一頓喝，不比白天三頓三，却是非常自由，毫無限制，你肚子能裝多少就喝多少，喝飽了一睡完事。

賤人貴畜

他們是遊牧民族，所以把牛羊身上的東西，非常寶貴。連牛羊糞都要寶貴，決沒有一點嫌惡的意思。灶子上邊做一土倉，把牛羊糞

裝在裏邊，以便撥下來燒茶燒飯。各人喝茶的碗，也放在糞上，用的時候就拿來用，也不洗洗。若是來了人，那就不能不特為他洗洗碗。洗碗的手續，先用糞一擦，再用灶灰磨磨；上邊垢膩，既已除去，然後用主婦布帶拭拭，算是乾淨到萬分，也算敬客到十二分了。

他們把人的嘴看得不如畜生的屁股。我曾看見他們因為作業上的必要，自己的嘴對着牛的陰戶吹，毫不嫌髒。可是吃飯時各人有各人的碗，雖家人父子決不通融，誰是誰的認得很清楚。這無非因此嫌髒的緣故。他們既已認清各個的碗，所以不能擱在一塊兒揩洗。喝茶時，裏邊看着乾淨，外面垢膩差不多有一分來厚。有一次我說：『何不把外面垢膩洗了？』主婦道：『各人用各人的，洗他做甚！況垢膩不是別的，還是麵粉粘在上面的，何必洗呢？還有一層，碗是磁作的，日子多了，他會掉下來，用不着人來洗他。』她說得我閉口無言。

青海民族的茹毛

他們的食物裏，差不多羊毛居三分之一。他們連毛吃，彷彿沒有看見，並且不知道的樣子。我可是吃不慣，除了晚飯看不見，沒法取去的時候，總得把羊毛一根一根抽去。有一次我吃炒麵，忽然發生一種好奇心，想這碗炒麵，有多少羊毛，不妨把他數數。於是一面吃，一面抽，心裏數，數到一千餘根，還沒有完。不料主婦看見，對我說道：『羊毛上邊沒有嘴，你吃下去，不會把你腸子咬了的。』合帳老幼男婦聽得主婦的話，一齊笑了。我不好意思，也跟着冷笑了一陣，再不能數下去，終於不知道那碗炒麵裏有多少根毛。

他們吃的酥油裏，毛也非常多。一天見主婦作酥油，裏邊羊毛無數，她全不管。我說：『你若用草束把乳濾濾，就沒有毛了；酥油乾淨，多賣幾分銀子。』她說：『我們人老五輩，沒有賣過酥油裏毛；有毛沒有賣不出去的。也未嘗少得了銀子，何必取他，麻煩得很。』我又沒得話說了。

青海民族的美味

我到某地方，居停的主婦，年已四十多歲，她到過內地，並且人很聰明，不過尊貌差一點。她覺得他們吃的不好；有一天給我做肉饅頭吃，可是她那裏沒有蒸籠，便拿一塊圓形的木片，把鐵絲燒紅在上邊，穿了好些眼兒，再用兩塊方木小塊，擱在鍋內水中，把有眼的圓木片，放在小木塊上，離水面不及一寸，算是蒸籠。拿這個蒸出來的肉饅頭，怪好吃的，已經是巧遂於極點了。青海人民多不知數目，我見她伶俐，但不知道她懂得數目不懂；誰料她不但懂得數目，並且還懂得算術。我隨口說出雞兔四十九的題目，她略爲思索，即便說了答數。我很是驚異，誇獎了一陣。

他們有一種吃的東西，叫做精，（譯音）做起來很費工夫，材料也很有幾種。喝茶時候，擱一塊在碗裏，等它溶化了，和炒麪拌食，非常香甜，算是他們自製的珍品了。酒是他們最喜歡喝的，可是不會自造，完全由內

地商人馱到青海地面，賣給他們，所以不得常喝；可是見商人來賣，無論如何，總得換些，買些喝喝；一喝便要醉倒。拿我們眼光看去，到這個光景，他們委實非常高興。馱到青海的酒，差不多倒三七攙水進去，所以我們喝着已沒有什麼味了。

第四　居處

帳屋的布置

他們逐水草而居，遷移不定；所以木房絕少，大半是帳房。帳房用牛毛做成。牛毛帳房，遇着下雨時，其初還漏，後來越下越不漏，因此都用牛毛，羊毛是不用的。當製造的時候，先把牛毛捻成線，再用線織成疋頭，然後縫成兩大幅，約四丈見方；兩幅並到一處，用帶子拴住，不使分離過遠，中間合縫約一尺多寬，彷彿天窗一般，爲的是出煙；

四角用四根柱子撐起來，外邊再用數十根繩子離一兩丈遠拴在木橛上，四周亦照樣拴住，就算把帳房立起來了。裏邊足有兩間房子大，但是沒有房子那樣嚴緊，四周離地還有二尺多高，雖是把所有東西裝在皮袋裏，一個個排列着四周，皮袋與皮袋中間，用牛糞糊了，還是擋不住冷風進來。他們慣了，全不害怕，也不設法改良。順着帳房開處，作一灶子，裏手就是糞倉；糞倉前邊安着鍋，由糞倉將牛糞撥到底下時，因爲灶子兩面作下窟窿，空氣流通，燒起來火焰很盛。鍋的前邊還連着一塊土牆，土牆近鍋一頭承着鍋，他方即糞倉承着；土牆上邊，還可以安置東西。這個灶子直分帳房爲兩部，左部歸男子居處，有男客來請到這裏；右部歸女子居處，有女客來請到那裏。客人到帳房走錯了方向，不免笑話。萬一男客過多，左方不夠坐時，許家人過去坐在右方，決不使客人過去的，這是他們帳房內最要緊的秩序。

帳屋內的秩序 白天男子圍着灶子的左方，女子圍着右邊，攏出火來，名自溫脚烤手。女子沒有穿褲子，大約腿子不免有些冷，所以看見她們常常揭起大襟烤腿子，這是男子沒有的事。灶頭左部靠着糞倉地方，係第一座位，依次下坐，爲第二座，第三座。我到處坐第一座，好不高興！有時逢着出家的和尚到來，我須讓他坐第一座，我坐第二座，因爲我不過是俗客裏的尊客，和尚是出家人，更尊，所以讓他第一位。睡眠處即是坐處，決不更動。就地鋪着毡子褥子等物，要是有人嫌地下濕潮——大概係內地人，及老年人，——可作土倉 裝滿羊糞，睡在上邊，不但不受潮氣，還要比地下暖些。他們那裏有什麽褥子和毡子，身底下鋪着兩張生老羊皮，上邊蓋上自己穿的皮衣；天氣過冷，再加上一個皮衣。一個個單獨睡着，男子在左方，女子在右方 夫妻們也不免這樣分開，那裏像內地夫妻，須另立一房，鴛鴦雙棲呢！若是夫妻睡在一處，倒覺得是可恥的事。又不論冬

夏，他們多在帳房外邊睡，一來好照顧牛羊，二來外面比帳房寬舒。我呢，沒有牛羊看，裏邊雖不舒服，因爲受不了外邊冷，始終屈蟄在帳房裏頭。大風是冬夏不息，帳房時時上下波蕩，要是冬天下起雪來，被風吹入帳房，我的被還要變作白色。我早間起來，出了帳房看看，他們男男女女個個變成雪堆，看了半天，找不出他們的頭在那方，脚在那方，細細一看，一頭有一個指粗細的小孔冒出氣來，纔知道頭在這邊。這小孔就是呼吸的道路。他們利害的地方，就是睡來終夜不翻身，兩隻腿子屈作一團，決不開展，所以他們有兩句俗話說：「漢人睡來是虎睡，番子睡來是狗睡。」因此每每看見我直挺挺睡着，他們就說這兩句話來取笑。

部落的習慣及狗的特性 他們有一處帳房，就是一個家庭，一家人全住在裏邊，不過財產裕如的，有兩個三個罷了。他們小部落，卽是由十餘個帳房合在一處的。每一個部落中間，留着一大空地，作爲牛羊馬匹起臥

處所，圍着這一所空地，團團架着帳房，一個連一個，相距不過二三十步。一部落的人，很是和氣，守望相助，疾病相扶持，無事時常來往說話，交換意見。因爲保護羊隻，各帳房養着大番狗兩三條，身量約二尺高低，自首至尾約三尺左右，兇猛無比，兇惡的狼見了也要退避。客人經過部落時，不敢下馬，在馬上抽出刀來，左右遮護自己兩腿，不然，就免不了被狗咬傷；但是狗的猛撲橫咬，無論如何，總不能免，甚至狗已受了刀傷，他還是在那裏發威。不過他們有個慣例，客人總不得把狗殺傷，若是犯了這個禁例，休想帶着頭腦回去。但是他們也有相當的辦法，每逢客人到來或經過，不管認識不認識，差不多全部落男婦出來，一面招呼，一面替他擋狗，所以給狗子咬傷的時候很少。這種狗有些怪性子，就是兩個帳房雖是相連，他們往來又密，可是甲帳的人要往乙帳去，須先通知一聲，叫乙帳的人出來擋他的狗；若是沒有通知，徑自直入，對不起老狗來擋駕了。

因爲他只認得自己帳房的人，不認得別帳房的人。但是一層，不管任何帳房婦女，隨意可以來往，別部落的婦女，亦可徑行直入，那兇猛的狗，彷彿是熟視無睹似的！若是內地的小狗，怕沒有這種特性罷！

青海民族之遷徙 部落住在地，全係平原，數十里數百里大小不等，總不在數里大的平原中住紮。四周大山包圍着，水道四通，野草茂盛。每到一處，約經兩三月光景。因爲兩三個月以後，野草被牛羊吃得不好了，不能不到別處遷移。有一天我住的某部落到遷移的時候了，前三天他們都到頭目人帳房公同商議，何日起程，往何處去，經何路徑。商議定了，到了日期，黎明起來，比平日較早。喝完了茶，備好馱牛，彷彿蒙古人使用駱駝，內地人使用騾馬車子一般，將皮袋傢具帳房等等，捆在牛背。有年老人和小孩子不能騎馬的，拿根繩子連着兩筒筐子，橫馱着牛背上面，讓年老人和小孩兒兩面坐着；筐子裏裝着羊毛稿秕東西，牛又走的慢，他們

不覺着有什麼苦。再把一部落的人連牲畜分作三起：第一起是婦女，每人騎一匹馬，拿一桿長槍，穿上美麗的衣服，一隊兒走。我是男子，本不應連婦女一同走，因爲我沒有職務，跟着男子也是白受苦，所以叫我騎着馬兒，和婦女們先走。剛動身時，我的左右前後，簇擁着十數個娘子軍，我在中間拿着一個馬鞭聯懰緩行。我又懂得番話，說說笑笑，好不自在。不料走了十數里，我的馬在內地吃現成草料，平坦大道慣走了，在那裏料是沒有，草又吃不好，山路的崎嶇更是走不慣，所以跟不上她們的馬匹。她們恐怕誤了事件，叫我慢走，她們馬上加鞭，飛也似的向前走去，起初還可遠遠看見她們的背景，待轉了兩三個山灣，連影兒也不見了。我只得尋着她們的馬踪前行。那裏又沒有一定的道路，不到幾里路，看見迎面有幾個番子騎着馬，背着槍來了，我想這一定是強人。原來青海地面向多响馬，差不多到處皆有　我心上像十五個吊桶，七上八下的，然亦沒有法子

，只好命交於天，向前走去。到了十來步遠，我裝着不在意，不害怕的樣子問話。他們也來問我，兩方說明，他們知道我是某處旅客，我也知道他們是打圍的，心上一塊石頭，這纔放下，各自走開。不料走不上十來里，又來了一夥，一樣打扮，人數還多，我心上一跳，那一塊石頭又起來，再放也放不下，以爲這些東西，不用說是剪徑的了。細細一看，內中夾着婦女；知道婦女不作這種生涯，有婦女在內，他們決不是做強盜的，果然猜的不錯，原來是搬家的。他們見我是內地人，彼此攀談了幾句過了。我一個人孤孤單單走了大半天，到一個大山頂上，向平原看去，見十數個婦女，解鞍放馬，忙亂着不知做些什麼。我從山頂下去，約二十多里到了平原適中地方。到婦女們作活處，彼此一見，笑了一陣。我看着她們做灶子，做好了，裏邊燒起拾來的乾牛糞，專等傢具隊到來，預備燒茶。回頭一看，恰好第二起馱傢具的隊子已從山嶺下來，不多時到了。婦女們先取下鐵

鍋，趕着燒茶，大家先喝一陣，我是不用說多喝一點。喝完以後，這纔下帳房，安傢伙。還沒有兩個時辰，諸事妥當，宛然昨天的地方，絲毫沒有更改。自此過了三日夜，總不見別的牛羊，少年的人也少了幾個不知向那裏去。我心下疑惑，向他們問了一聲，他們說：『明天早晨到呢！』原來羊隻及乳牛比不上馬匹馱牛快，慢慢吃着走，所以遲至第四天始到，這就是第三起。在此住上幾個月，把四山的草輪流吃了過來，又往別處去。

青海民族之大小便

在一頂帳房裏，合家大小全住在一處，不分什麼寢室廚房，至於毛厠等不重要的更是沒有了。因爲吃了酥油，炒麵，非常火大，好比內地人吃了鴉片，大便是隔好些日子一回。地點多在山凹。小便的地點，只要帳房外邊，到處都可。婦女格外隨意，因爲她們不穿褲子，往[illegible]下一蹲，衣服大襟便遮住了下體，在我們面前，常常撒尿。起初見了，覺着很怪，日子多了，也就司空見慣。最可笑的，往往有些懶婆娘，

連蹲也不蹲下去，站着揭起大襟小便，淋漓滿腿，似乎不覺着濕。男子因爲穿着褲子，衣服穿的又高，所以小便時，不能不躲躲人了。

帳屋內之神龕

帳房是用牛毛綿做的，前邊說過。可是這種帳房，沒有門戶。灶子裏供着神位，神像有無，沒有一定，各家總有些亂毛擱在那裏。他們賣出牛羊馬匹時，牛羊身上，總得取下幾根毛，馬匹拔下幾根馬尾；我的馬雖不是他們的，可是走過的帳房，沒有不拔下兩根尾毛的。拔下的尾毛，全都擱在神的地方。一來敬神，二來取其牲畜去了還要回來的意思。

帳房的出入難

灶子前邊，就是門戶。出入時候，須用手把帳房垂下的一面揭起來，從底下出入。要是揭不起，當然沒法出入。就是用力揭起了，要是身子出入得慢一點，就被帳房壓倒翻不起身來。因爲帳房本身非常笨重，外邊的繩子扯得又緊，就是帳房的一面，已經重得非常。我起初出入，非請人不可。後來慣了，我自己去揭，不過壓倒了一兩回罷了。

職業　第五

輕視老年及牧畜方法

男孩兒長到十五六歲，他們以爲小孩兒不會做什麼，叫他開耍．可是年紀到六十左近，又以爲身體弱了，頭腦昏了，就不叫他過問帳房私事和部落公事。比方五六十的老頭有個三十多歲的兒子或女壻，照例凡事讓給他們做，他們也昂然承受。就有不明白的，繁雜的事件，也不問問老者。老者飲食睡眠等等亦不能與當家的比較，總得差一點。來了客人，老的躲避，年輕的當前。所以青海人民的職業，祇有中年男子及婦女一部分人有的；老者和男孩却無事可做。

婦女的職業。第一、放牲畜。——牛羊馬匹——每天清晨起來，喝上一頓茶，格外拌上一碗炒麵，摶作一團如拳頭大，擱在皮襖裏作午飯，便起身趕着牲畜到山上去吃草。婦人家不用說她的能力可以耐苦，去也無妨，可是裏邊往往有七八歲小女孩兒，我們看着很可憐，怪害怕的。但是他們的大人漠不關心，也叫她去，小女兒也認爲當然情願去。一到了山裏，自然不止一家的人，好些婦女坐在一處，唱歌跳舞，過她們悠長的日子，我們看來也覺得活潑有趣．直至日落，趕着牲畜回來，已是天黑，對面不見人了。第二、晚上職業。他們到了晚間，還是做夠，擠牛乳，操心小犢，小羔，拴馬匹，縛牛隻，紛紛擾擾，亂個不了。擠乳的時候，要是乳牛不給乳子，或是沒有小犢吸着大牛的乳頭，他們擠乳時須先使小犢吃吃，拉過了小犢，然後再擠；擠不下來，再教小犢吃，這是一定的辦法。如乳子擠不下來，他們把自己的嘴對着乳牛的生殖器吹上幾下，大牛便把乳房口

兒放鬆，乳流出來。小羊羔兒行走不便，擱在帳房裏，晚間母牛回來，須教牠吃乳，吃飽了，仍然拿來擱在帳房底下。牛馬有不馴順的，用三腳絆子絆住，或是用繩子拴住一個蹄子，叫牠在晚間定定臥着、站着——好馬不臥，好牛不站——把羊隻全趕進羊圈裏．將二寸寬三寸長的薄木片數百葉，用繩子連起來．在地下打一個大圈兒，便是羊圈，大小容三四百頭羊隻，一處開個門兒，他處栽入土中，不能活動，到搬家時，撤下捲起，有一個牛馱着一個羊圈還算輕呢。他們把這些事做完了，才到帳房裏吃晚飯。第三、早起的職業。早起的職業，就是擠牛乳，喂小羊羔、喂小犢兒，解放牛馬腳絆，喂老狗等等。上邊的事做完了、放牲畜的趕着牲畜上山。帳房裏留下的婦女，拾牛糞擱在太陽裏哂着，或是用手摩成薄片，叫牠乾了收拾起來作燃料。再用長木桶到小渠背水、作飲料。——他們背水的情形，把木桶擱在背上，再用一根繩子絆在肩上，行走起來，上身穩靜，只有

兩足移動，所以十分平安，滴水不出，也算是自小練就的一種技能。——小女兒生到七八歲，就用小桶背水，男子無論歲數大小，決不背水　吃的炒麵完了，要炒青禾磨炒麵。儲蓄的牛乳多了作酥油等等。春天時候，拿着钁頭小口袋，到處處去挖長壽果。——川邊人名曰耙子，甘邊名曰厥馬——（音譯）頭癢了，利用一天工夫洗洗頭，捻毛線；要是不願意做事，在太陽暖和的地方．落下上身衣服，翻轉來捉虱子，唱歌兒，說閒話，彼此搔脊背。我當當這種差使，因爲他們穿皮衣不洗澡，容易生虱發痒，有時痒起來，不拘何人，要求給他搔搔，可是旁人如何能搔着癢處，這個當兒他便用番語說：『上頭！上頭！』我的手到上頭，他覺太上了，又說：『下頭！下頭！』我的手到下頭，又覺着太低了，又說：「上頭！上頭！」一到癢處，就發出一種很舒服的聲音喊着說：『呀！呀！』

男子們在帳房裏，差不多沒有一件事做；早起晚上，眼望母親辛苦，

兒子不來替代。妻子牛也似的勤苦，丈夫也全不管。一清早起，坐在灶子旁邊，一頓一頓喝茶，說閒話，吸鼻煙，捉虱子，算是他們常作的事件了。稍為勤苦的，年老點的，捻捻毛線罷了，這也是他們的習慣，以為作苦夥是婦女的天職，男子是不應做的。我常看見老婆背着百十觔重的東西走，他的兒子袖手跟着；可是有點良心的，他心下過不去，走到人看不見的地方，也替他母親背着走一程兒，一到了有人的地方，仍然叫他母親背上，他們說：『男子背東西，是可恥的事！』

男子的對內事件

對內的事件，就是部落裏公共的事，如守望、遷徙、交換等等。他們集會商議，議好了，就同力合作。作起事來用着婦女吃苦，還是叫他們來服務，但事前不能叫婦女們參與，所以不談到女子參政。守望呢，不用說一面防強盜，一面防豺狼吃羊隻。遷移事件，前已說過，茲不重提。只有交換，須稍為說說。他們交換，有兩種情形，一種係內

地生意人馱着他們用的各種東西，到部落裏來住下，或自備帳房，或住相熟的帳房，交換羊毛皮子以及酥油磨菇等等貨物。等到交換完了，從原路回去。他們交換的對方係男子們。若是婦女們，不過見了小生意人，她會拿着小出產物—長壽果、酥油、小皮子、小宗羊毛等等，換點針線、假珊瑚、蛊子、核桃零星物品罷了。一種就是到了冬天，他們全部的男子，用馱牛馱上羊毛、羊皮、皮骨，宵行夜宿，走多少日子，到內地通商地方，住在店房、寺院、相熟人家，把牛隻拴在寬廣地方，—這種牛隻，因為自小沒有見過房屋，就是斷了頭，也不肯進人家院門。不給牠吃，只給牠飲。經過十天半月光景，把羊毛、羊皮、牛皮、馬尾、馬鬃、馬皮、換成青禾以及零用東西，—烟、酒、布疋、掛麵等等，—馱在餓牛背上，飛也似的回去了。為何這樣忙迫呢？一來牛是餓極了，要快點到草地吃草；二來他們在人煙稠密地方，尤其是內地，覺着紛擾不慣。有一次我遇見第一遭

到內地的番子，今天到，明天就要回去。我把他安慰了一番，他反哭起來了。我沒法子，把他引到熱鬧地方去玩玩，叫他散散心。他勉強去了，翻身就走。回來不吃不喝，低着頭哭。當天就給他結了伴兒，讓他回去了。生意人裏邊，雖然大都來過內地，他們急忙回去，還是這個緣故。他們的生意，強半是物物交換，有時也用易中的東西。易中只有小布，—四川省出—茶葉、生銀三種。生銀成色較內地低，吊銅灌鉛，混雜使用。小小生意　也用銀子，所以把銀子切作小塊；大件銀塊，是很少的。分量的名稱，只有兩、錢、分三種，分以下沒有名稱。但是到了上秤，却只論錢不論分，錢數對就算對了，至於分之有無，兩方均置之不問。銅錢不作交換易中，內地人帶進去，給他們一兩枚，他們很喜歡的受下，作為玩物。銅元是未見過的，金子是有的，也不認為易中。他們這樣混厚，所以內地人跟他們交易時，拿些小小資本的蛊子、核桃、線索、紅珠等等，就可以換

得皮子羊毛。若是到了部落內邊，還要吃他們喝他們住他們的帳房；如果第二次再來，便已成了熟人，一旦騎着馬到了部落，他們聽着狗咬，全體出來歡迎。這一種人的度量算是世間第一等人了罷？

男子的對外事件

對外事件，就是交戰，或辦理其他交涉。前邊所說的部落，是指小部落而言，合若干小部落成一大部落。小部落雖是可以自由移轉，總不能出大部落所有土地以外。—土地部落具有—要是牲畜吃到他部落地界以內，就會發生損害賠償，被人把牲畜牽去，乃至兩方打起仗來。打仗的時候，從前都用鳥槍，現在全部換成快槍，槍好馬健，人又好勇，所以往往弄出人命事件。此種事件，在未解決以前，兩方斷絕往來。甲方的男子——小孩在內—牲畜，一到乙方，乙方把他扣留。乙方的到了甲方，甲方也是這樣處置。只有婦女—不論老少—的交通，依舊不斷絕，不扣留。不過不許騎牲畜；若是騎着牲畜，常然把牲畜扣下；因為女人不

加入戰團，又不會生事闖禍，故有此優待。照這樣子相持不下的經年累月，定有他部落頭目人等出來調和，把雙方死的人數互相抵銷。死人少的一方，對死人多的一方，交納命價，比方甲方死十五人，乙方死十二人，兩相抵銷，甲方多死三人，乙方須向甲方交納三人命價。一個人命價，從前不過三四十兩，現在二百兩左右。他們交納命價慣例，不但因戰爭殺傷時適用，平常鬪毆身死，也是這樣辦法，決沒有殺人者死的辦法。就了此一種公案。對外戰爭，除了爭地以外，因婚姻糾葛，搶刼牲畜，容易發生。總之部落內部個人的事，家族的事，相互的事，都由內部商議解決。對外事件無論原因起於個人或部落，統由部落全體主持解決，不像內地人把團體事件拋到腦後，看見了袖手作壁上觀。所以我常說：『平民政治國家，全是團體生活。除了團體生活方法外，再沒更好的法子。要是內地人知道實行團體生活，與其隔着海洋，學那外國人作不切題文章，何若禮失而

求諸野，來學他們團體的生活，倒來得親切些呢！』

戰爭固是男子的職業，此外還有放槍、作賊、也是男子生就的職業。從前青海內部，到處強盜出沒，——自從西寧馬鎮使征服了果洛番子以後，青海沒有強人，就是單人行走亦不妨事。——每羣總有百八十人，一個個背着快槍，騎着健馬，格外還拉上一匹，以備替換騎坐，馱東西生意人一到部落，若是人少抵抗不過，就被他們搶了貨物，刼了牲畜。走青海內部的大生意人，約帮同行，每帮不下一二百人，牛隻不下千數，名曰隊商，所以防這種強盜。這些強盜，不是別人，還是住在青海內部的番子，不過不搶本部落，專門搶刼他部落的生意人罷了。我怎樣知道他們生就強盜職業呢？有天我跟幾個壯年閒談，我問，『你能力若何？用什麼方法在部落裏出頭？部落如何可以強盛不被人家欺負呢？』他說：『我們年輕人的能力，看能不能打仗做強盜；若能打仗，做強盜，便是有能力，便可以出人頭

地，作一部落的頭目；我們的部落也拿着我們撐面子，旁的部落也就不敢欺負了。』說話的時候原有好幾個壯年，因爲有前述的問答，於是這個說他在那裏做強盜掠刼了多少東西；那個說在某處打仗時殺死了幾個人；這個說在某地喝酒醉了後用刀砍了某人；那個說某月某部落來犯時我活捉了幾人。他們正說着得意時，內中有個哧的笑了。我問他說：『你總是安分守己，總不像他們那樣了。』他說：『安分守己麼？可沒出息人幹的；我們男子漢，要自己出頭，部落光榮，除非作強盜。』我說：『那麼你也是個強盜麼？』他聽着說他是強盜，便高興起來，可見他們強盜性成了。又年輕男子，坐在帳房底下沒有事幹，終日磨刀子擦快槍。隨身常常帶着兩把刀子，一個是滿尺約一尺長刀子，掛在腰帶上，是吃肉割東西用的；一個是五尺大刀，斜插在身前腰帶上，刀把在右方稍向上，刀尖在左方方稍向下，爲的是右手便於抽刀。刀把刀鞘，異常美麗，上邊鑲着珊瑚、寶石

等物，多係請名匠打造的，所以價値昂貴，自十數兩至三四十兩不等。他們把刀磨得非常銳利，削人如切瓜一樣。每人還有快槍一枝，係變賣牲畜買來的。是內部商人到青海去買賣時帶進去賣給他們的，每枝價値約二百兩左近。挂在帳房頂上，視爲神物，每天拿下來撫磨着，把槍上的黑膝擦去了放出光來。女子不敢動手，也不敢近旁；婦女的衣服等件，更不敢擱在槍上，足見他們對于槍的寶貴了。出門時背在身上，前有美刀，後有美槍，覺着再漂亮沒有了。

男子的零星事件 以上所舉的以外，男子還有一種職業，是縫紉。他們習慣，女子在帳外作事，男子終日在帳裡無所事事，前邊已經說過。要是作事，須比女子輕易點的，所以縫紉一事，自然歸男子去做。男子的衣，固然是男子做；就是女子的衣服，也歸男子做。這種情形，恰恰與內地情形相反。我們初次見了，覺得有些不順眼；其實在他們那樣社會狀況之

下，是自然而然的了。他們做夥時，將牛皮丁針——內地係銅鐵作丁針，青海則以熟牛皮作之，——套在食指尖上，針鋒向懷裏縫來，也不像內地婦女和縫工把丁針套在中指上針鋒向外縫去。可見他們這件技能是他們固有的，並不是由內地傳過去的。

集會 第六

□演說之重視
□集會之種類

演說之重視 青海男子，最重演說，聰明伶俐的人，總是講究說話，常常練習。習好了，到集會場中演說。要是演說完美，別人就尊他為一部落中的小頭目。部落內外發生事件，須共同處理之時，少他不得。但是這也不是一件容易的事，我曾見會演說的人，尚未演說的前幾天，差不多不吃什麼東西，在野外地方，獨自一個踱來踱去，搜尋材料，命意措詞，弄得他臉兒黃瘦，腦裏再沒第二件事；有人跟他說話，像傻子似的沒有聽着。到了集會那天，衆人到空曠平坦的地方，頭目等在上，壯年小孩以

次一齊團團坐下，每人前擱酒碗一個，慢慢喝着，大家推他演說。他立起來，左手端着酒碗，留下右手作姿勢，說將下去，貫珠似的沒有間斷，也不咳嗽、吐痰、喝酒。至少也要經兩點鐘工夫。他的說話，非常通俗，婦女小孩，都能懂得，道理透徹，比語得當；差不多演說完以後，大家都說一個是，事件就照他所說的解決。萬一有第二個不以為然，於是又叫第二個人演說，往復辯駁，誰說的理由充足，大家就贊成他的話。他們既無私見，又無黨派，更不用手腕、金錢、來運動，一個人說話，全場鴉雀無聲的聽着，彷彿北平的戲迷聽叫天唱戲似的，不會有一個咳嗽、說話，只見端着酒喝，若是聽到合意地方，點點頭，臨完經過一致贊同，——決不用多數壓制少數辦法，——大家照辦，決不會三心二意，腰來腿不來的。

集會之種類 集會可分為幾種。第一、結婚集會，就是結婚吃喜酒的時候，會合兩姓男女，將開始飲酒的當兒，公推能說話的人代表大衆敬致

賀意。這種演說，表面上說去，差不多千篇一律。然而演說家爲着自己的名譽，把結婚人家的人口、牲畜、新婚男女的心性、身段、作爲材料，構造一篇最華美的演說詞來演說，聽的人聽到好處，浮一大白。再這個時候，主婚人若會演說，他便起來答詞；要是自己不會，可請一位會的來代替，總是淋漓盡致、娓娓動聽。演說完了，才是唱歌歡飲的時候。第二、喪家集會。某家有喪事時，同部落和他部落的人來吊唁，沒有什麼禮節，只有公開演說。找個合式的廣大平坦會場，來賓在上，家族在下，喪主在會場中間，團團坐下，依舊掛着酒。於是來賓中會說的，起立演說、因爲死人的行狀，家族的狀况，賓主的關係，各各不同，所以演說詞也一家跟一家不同。說到悲切處，喪主來賓覺會流下淚來。喪主代表答詞，一如婚姻集會。第三、和事集會。部落內外縱發生天大事件，決不會經官動府。他們自己會用開會演說的法子叫事情解決。比方事情發生在部落以內，兩造

須請頭目人等召集會議。——有時頭目人等認爲必要，不待兩造來請自動召集。——等兩造及衆人頭目齊來，即便開會，仍由會說的人演說，說的兩造閉口無言，衆人首肯，算是解決，兩造唯唯聽命，謹敬履行。當時所用的肉酒等費，及頭目人等謝金，統由兩造負擔，絕無行賄請託不正的行爲。假使兩部落間發生事件，由第三部落出任調停，其方式與上舉的大致相同；不過第三部落的決議，沒有強制的力量，萬一乙方不從，依舊訴諸武力。這是與內部集合不同的地方。第四、內部公共事件集會。比方遷移、慶吊他部落、祭祀、跳神、經商、放槍、出戰種種事件，也用集會式公衆討論，商議妥協，就去履行；費用各帳平均擔負，當然不生問題。就是最後兩種事件——出戰、放槍、——經過集會決議以後，派定每帳須出快槍一枝，子彈若干粒，馬若干匹，牛若干頭，羊若干隻，炒麪若干皮袋、酥油若干觔，縱傾家亡產，也要預備，按期舉行。萬一有不利益，甚至

人口死傷，部落淪亡，不但宗旨不變，也沒有埋怨演說人的。因爲演說的人不過發表他個人意見，經大衆贊成，即成公衆的意思。所以每逢一件事情發生，說話的人，盡力發揮，毫無顧忌。我寫到這裏，我想內地的省會和國會議員，以及內地人民，對於集會事件，和青海人民比較，恐怕望塵莫及罷。

第七　物產

□物產之種類

物產之種類　青海地方，物產豐富，分述於下。（一）五金煤炭，到處皆有，外人遊歷者，大率垂涎三尺，惜乎我們政府不能注意到此。（二）林木。山林之多，差不多無山不是林；以松柏爲大宗，其他木類甚少。木料有大可數圍，高十數丈的，却沒有極小的。自來未經砍伐，因爲青海人民不居房屋，不燒柴炭，用不着樵採；且以山林爲神靈所憑臨，更不敢攀折。不過他們常取少許柏葉，充作香料，然於山林無萬一之損。（三）藥材。藥材有大黃、黨參、當歸、黃芪，及其他未經認識的，尙有多少；內中以大黃爲大宗，每年由西寧地方運出數萬担。（四）魚類。青海及其他

河流，產魚甚富，因青海人民不食魚肉，任其生長，所以魚類見人也不驚怕，探手可得。其所以不食魚類，一來按佛教戒律，對於肉類只食蹄子分作雙歧的，如牛羊猪等；其餘蹄子不是分開的，或不是蹄子而爲爪的，均不食。是以自其祖先不食魚肉，習成自然。二來把魚認爲龍的一類，相傳傷害魚類時，竟會起惡風暴雨，損害帳房人畜，因此魚類繁殖過盛，有水地方，滿水都是。青海較近西寧，——約六百里，——每年冬天青海結冰時候，附近一部落番民，鑿冰取魚，賣給小販運至西寧蘭州地方出售，名曰湟魚。到二三月間，天氣稍熱，不便搬運，將魚腹剖開，去其腸肚，平鋪草地上，晒乾運出。惟這一部分番民，享此特權，他處人民，不屑作此生意，所以也不來侵奪。相傳這一部分番民，係由內地遷去，專以取魚爲生，久而久之，便同化了，捕魚不食魚肉。（五）野牲。豹、狼、狐、猞猁、猩猩、熊、鹿、麝、黃羊、山羊、野馬、野牛等等，有山林地方，都

生長這些東西。每年取得的狐狼等皮、以及鹿茸、鹿筋、麝香、熊掌、山羊血等珍物，運到湟源縣地方出售的不少。有些山林被僧人部落禁止，不能獵取上舉的各種珍物。如有人犯了這禁，免不了加倍處罰，甚至鬧起大交涉來；所以打圍的逢見這種山林，不敢擅入放槍。他們還有一種迷信說：『這種山林，居有神靈，取了裏邊的動植物和傢宅牲畜，就要遭殃』。他們深信不疑，還能舉出若干實例，常給我敘說。（六）家畜。家畜就是馬牛羊三種，沒有別的。——騾驢在寒冷地方，不能生存，故青海沒有這兩種家畜；鷄鴨等類，不用說更是沒有的。——（1）牛有兩種：一種叫犛牛，形像兇惡，腹毛甚長，前清時用作帽纓等物。犛牛分爲犛犍——公的——犛牸，——母的——同種相配，仍生犛牛。若是犛牸與家牛——耕牛——之犍者相配，生下的牛，名曰犏牛。犏牛腹無長毛，身體雄壯，力量過大。公的叫犏犍，母的叫犏牸。犛牸，犏牸，生犢取乳。犛犍除配種

外，用作肉食。犏犍一稱駄牛，青海內部的運轉，全賴這種牛隻，就是這種牛如騾子一樣，不會生育。犏牸與犏犍相配生下來的犢兒，不像犛牛，也不像犏牛。這犢再生下犢，仍成犛牛。犏牸與家犍相配生下的牛犢，不容易生長，往往着瘋症死了。所以他們也不留牠，一生下來就吃了牠。把皮子囫圇剝下，裝滿了草類，作成小牛樣子，取乳時候，擱在牠母親嘴底下，教牠舐着，牠的乳就容易流下來，大牛不給乳子時，便把草牛犢拿過來向大牛乳房上撞幾下，——因活牛犢吃乳時，大牛不給乳子，小牛慣用牠小頭撞着乳房，——彷彿犢兒吃乳的樣子，牠的乳子就會流下來。但是這種草犢，須大牛親自生產的，若用別的決不成功。（2）馬、只一種，較天馬（新疆產）小，較川馬（四川產）大。狡捷善走，力能任重，在帳房不穿蹄鐵，不與穀類食料。牽入內地，穿上蹄鐵，給與麩豆，再加以練習，可作軍馬，也可騎乘。惟必係兒馬去勢，——騸馬——然後可用。因

兒馬性烈不馴，見騍馬——草馬——便不顧一切，盡力奔赴以致貽害。至於騍馬，不騎坐，間有善走供騎坐的，人也不重視牠，專門產生小駒。每騍馬一匹，三年可生駒二頭，駒生二歲可騎。三年又可生駒。馬性耐寒，所以露宿，就是大雪壓身，積高寸餘，安然直立，不稍轉動，仿彿牠自己也覺着若一轉動，必使冰雪溶化，皮膚寒冷似的。至天明盡力一抖，將雪抖去，自上山去吃草。假使驢騾處這種境地，一夜工夫，便可凍死，然而馬匹全不覺着。（3）羊、只一種，身高力大，角毛都長，與內地綿羊不同。內地人名之曰番羊。他們養羊的見生了羔，檢體格雄壯的留下幾頭作爲種羊，——羝羊。其餘皆閹成羯羊，供肉食。此種羊因食草類，味甚可口，若內地羊與以料食，其味便差多了。牝羊專生小羔，少供肉食。番民雖不論羊的牝牡，一概充作食料，但因內地人只食羯羊不食牝羊、羝羊，他們賣與內地人的，多是羯羊。（七）馬牛羊身上產物。（甲）馬身別

無所產，只有馬鬃，馬尾，但此種產物，馬生時不取，直待死後然後取之，賣於內地人。又馬皮亦係一種產物。（乙）牛身上產物。（1）牛皮。剝取牛皮有兩種方法。一種係由牛首至牛尾，囫圇剝下的，一種是由牛項至肚當中剖開，成張子的。此種牛皮運至內地通商地點，賣於商人，每張價約五兩左近。前一種名曰皮袋，——青海內部的皮袋，是羊皮作的。——經過製造後，裝好糧食、羊毛，把數百個聯在一塊，便成皮筏，作水上轉運的最好利器。若是不會泅水的人要渡河而無船隻時，可將皮袋吹起，叫人坐在中間，外邊由善水的牽着過河。每個可居二人，全無危險。據云由內視之，異常透亮，並不發急云。後一種供給內地人鞣製各種皮件。他們沒有什麼牛皮作品，只有他們自穿的靴子，以及拴東西的繩子。（2）牛乳。他們把取下的牛乳，在茶中混和少許，作爲飲料，名曰乳茶。大量牛乳，製成以下種種食品。（子）膠乳。凡犏牛生犢後，第一次取下的乳子

，很是濃厚，蒸之卽成膠乳，味甚美。（丑）蒸乳。把平常牛乳蒸成的味甘。內地人製此乳食時，加石膏少許，夏天食之，五內涼爽。（寅）酸乳。把取過乳油——酥油——的乳汁，擱在木桶內叫它發酵，便成酸乳。味酸，加糖少許，夏日飲之，涼快易眠。（卯）乳餅。把牛乳擱在鍋中，加熱膨起，熟了取出，卽成乳餅，喝茶時擱少許，有特別的香味。牛乳成品，以此爲最，內地人非常愛食。（辰）乳麵。拿牛乳作煮麵的湯汁來煮麵條、掛麵，味亦甘美，唯不放鹽醋。（巳）乳渣。把牛乳中乳油取過後，釜中蒸發水分，變成澱粉，取出晒乾。放茶內拌炒麵作食料。因其性熱，肚痛時，煮食可止痛。（午）酥油，把牛乳盛鍋中，加火使熱至若干度。——他們看熱度的法子，就是把牛乳蘸在指甲上一吹，便知熱度是否合宜。——另外置一木桶，徑約尺五寸，高約三尺，上有木蓋，正中一孔，穿一長桿入桶中，桿之下端置一圓木片，上有大孔若干，俟乳子熱度合

宜，卽灌入此桶中，執桿上下搖盪，經半時許取蓋查視，卽有油點結成小粒，附着於圓木片之上，取出放在冷水盆中，用手團結，便合成大塊酥油裝入牛羊肚內，如是數次，牛乳中油質完全提出。（3）牛肉。牛肉不用說是他們的食用品；對於內地，則供給活牛。一羣一羣的趕出來賣給內地屠戶，可沒有把牛肉拿出賣給內地人的；因爲他們沒有法子拿出來，也是他們儲藏不乾淨；就有拿出的，亦沒人買。還有一層，他們殺牛，其名雖說是殺，可不用刀，把牛羊的四肢口鼻牢牢縛住，不許牠呼吸動彈，拋在空曠地方，叫牠慢慢悶死。死的時候，我曾見牛羊的肚子膨脹起來，眼珠凸出，覺得非常慘忍，他們看慣了却不爲怪。問他們何苦這樣，他們說：『若是用刀殺了放出血來，肉就會老，不好吃，這樣死法，肉嫩好吃』所以悶死的牛羊肉，色是鮮紅，看來不好，吃去的確嫩；要是拿到內地，誰人吃。（4）牛骨。他們吃完了肉，把骨堆在一塊，幾個月後堆的多了，

拿來打碎煮在鍋裏，從牛骨又煮出多少牛油，拌炒麵吃。取過油的，便不用了。（5）牛角。從前用鳥槍時，牛角做裝火藥的東西。由牛角大頭盛火藥進去，用木蓋蓋上，小頭有孔，用一機關蓋着，手指一壓，機關開了，倒火藥出來。現在快槍時代，這種已經很少的了。牛角還有一個用品，就是當鼻煙壺。——婦女也有帶的——閒暇的時候拿出吸吸，每次吸的分量，約有五分重，日非數兩，決不過癮。（6）牛筋。他們收下牛筋，賣給內地商人。商人運去，假作鹿筋，要是做得很好，絕對認不出是牛筋的。生牛筋還能做成細繩，縫牛皮靴子，較麻繩堅牢。（7）牛毛。牛毛產額不少，他們多充作帳房材料。（丙）羊身上產物。（1）羊毛。青海地方，天氣寒冷，所以每年到六月天氣極熱的時候，取羊毛一次，一個羊可取一觔至五觔不等。毛長五寸至七寸；只因生在寒地，露天起臥，毛質非常粗硬，不及內地的綿羊毛軟。若是比着美利奴羊的毛，更是相去天淵了

。又有一種据猸，或名山羊，其毛更粗。惟貼身有絨毛甚細軟，拿梳子取下，可作上等毛製品。据猸耐寒的能力不及番羊，故青海羊羣中偶一見之。（2）羊皮。可分老羊皮，二毛皮，小羔皮三種。（子）老羊皮，係由大羊身上取下的，青海民族多製作自己穿的皮衣，售出的很少。（丑）二毛皮，係小羔生下約二個月時候取的。（寅）小羊皮，係生下後四十天以內取的。此兩種完全賣給內地人：二毛皮走北省，小羔皮走南省。十年以前，黑色羊很多，只因黑色羊毛不比白羊毛價大；黑羊皮作皮衣，又不比白的暖和結實。每到夏天，毛很脫落。所以從前沒有人歡迎，以致近年來黑色羊種大形減少，羊羣中看不見黑的。現在突然要愛穿黑的皮衣，價值如何不貴呢？（3）羊肉。他們自己供作食品。他們吃的，有宰死的，病死的，老死的，母的，公的，沒有甚麼分別，一概充作食品。至於供給內地人的，係活羊，若是死的，就沒有人來吃。（4）羊骨，取油。（5）羊

腔骨，作吃黃菸的東西，就是把腔骨作煙袋桿子，再用木頭作成鍋子，擱在上邊卽成。（6）羊筋，售於內地人作食品。（7）苦腸，——盤腸，這種東西，從前沒有人過問，現在有內地人去收買，因成一種產品。（8）褐子。他們把羊毛捻成線，經年累月積得多了，然後拿來織褐子。織的方法，不比內地，沒有甚麼機子，只將經線平扯在地上，拴了線繫，向上一扯，穿過緯線，再拿一根很光澤的長薄石塊，緊它兩下，復將繫線向下一扯，再穿過線，拿石塊緊緊。如是織去，三五天後便成褐子兩三丈，看來怪可憐的。

第八 宗教

青海民族之信仰

青海民族，全體信仰佛教，但其信仰方式，可分在家及出家兩大派。在家的名曰俗人。俗人之信仰佛教，第一、供給佛教僧徒的衣食。無論何人，都認作自己不可諉卸的義務。所以他們終身的生產，除了自己的衣食住費用以外，差不多完全孝敬給出家人。以爲如此，不但得現世平安，並且還可望來生生在福地。第二、敬神。他們每天早起，帳房外邊，須燒柏香一堆，柏香即柏枝，上邊再加一撮炒麵，後用柏枝蘸

水一滴，撒於柏堆上，口中念經咒。余每早起，但見各處香煙繚繞，經聲盈耳，蓋敬天地諸神以祈福澤。第三、誦真言。他們所誦真言，雖是一處與一處不同，一人與一人又不同，然最普通者，不外以下數種：唵嘛呢叭咪吽、喇嘛喇加送咀唔，桑巳拉加送咀唔，咀拉加送咀唔，隔登拉加送咀唔。喇嘛以且管去乎送拉加送咀唔等句。無論老少男婦，終日吟誦不止，只有說話吃飯睡覺時停止。一天把這三件事完了便開口吟誦。比方第一句話終，而第二句須稍俟再說時，便誦真言。睡醒時也是這樣。他們因吟誦真言，終身沒有停止的時候。又因吟誦真言時，一心向佛，把種種享受，件件慾望，一概打消，以致社會狀況，猶是原人時代，全沒有一點進步。然而他們覺着只此便好。又他們念真言時，等有事做便做事，若是手閒了，不是捻素珠，便是轉嘛呢。素珠是一百零八顆珠子作的。嘛呢（音譯）是用經紙捲成一小圓圈如拳大，穿一孔貫柄，以手執柄搖之，向左旋轉，

蓋謂經紙旋轉，功德與口誦相等。帳房左右前後，懸掛印經布片，或用長條布印經，揭於長桿上邊，隨風擺動，亦云與口誦功德相等。第四、朝拜寺院喇嘛。他們有了閒暇工夫，或是每逢年節，便成羣結隊，向寺院——活佛喇嘛居住地方——朝拜。到了寺院，須先見喇嘛磕了頭，然後到寺院周圍走圈子，走到前面磕了頭再走，一天到黑，除了吃飯以外，走個不停。也有專在一個廟的佛像前，頂禮叩首至十百千萬，並無已時的。弄得佛前地板上立腳處，叩首處，膝蓋着處，手擦處，俱深陷寸餘。朝拜的人若是有病的，越是備得勤苦。據云叩首打圈子，可望神靈保佑，疾病痊愈，其實病好，全是由於運動，而信仰的便說是神的力量，所以信仰的越來得起勁了。曾見幾個番子向西藏朝拜，由家起身，步行前去，不算恭敬；出了帳房，即向西磕長頭。——膝蓋着地，兩手撐起，灣着腰叩下去，是尋常禮節；若是平直的使全身貼地，兩手抱在頭前叩下頭去，便是磕長頭，

叫做大禮。——磕時用手畫地作記，磕起來足站在所畫的地方，再磕下去，再用手記着，起來走兩步復磕下去。他的手拿着一塊本片護手，膝蓋上擁着皮子，一直磕向西藏去。後來打聽這些人足足磕着頭走了兩年多天氣，纔到了前藏。又有一個討食的，他不去討食，卻整天向着寺院磕頭念佛，因磕頭須頭頂叩地作響，久而久之，天庭上長了一個大疔如鷄蛋大，便成了一個磕頭的標記。有這標記，每食時，任意入和尙家中去吃。和尙家見此人來亦非常歡迎，喚來同食，沒有待慢的；即是大喇嘛見了，也致相當敬禮。人問喇嘛至尊，何以對這等人如此敬禮。答云，此人天庭上大疔中已有佛居住，爾輩不見，我能見之，所以我來敬禮。在大喇嘛原不過教人信佛，然而這個叫化子，越發受人恭敬。他的磕頭念佛，也越起勁了。第五、請喇嘛和尙諷經。他們一到暇日，或是有病的時候，便請喇嘛和尙念經，名曰平安經，或曰吉祥經。念了帳房中就會平安，人與牲畜均不

會病，得病就好 念經時供奉甚優。念完了，還要孝敬多少東西。他們要是死了人，一定請喇嘛和尚念經。說是念了這種經，把死人生前罪過，一概消除，便可生在西天佛地。除了供養賻銀外，死人身邊衣服等件完全送給念經人。——念經人拿去賣了作用度——第六、年首給寺院和尚茶喝。每到新年頭，或是一定日期，每部落每帳房輪流寺院和尚茶喝；這種花費，隨帳房貲產大小，並不一律。清茶、油食、米飯三者之中，選擇一種或二種，多多預備，到了日期，由部落中大家背負送去，供奉寺院全體人衆吃喝；厚薄固不一律，然而非如此供奉不可，因係強迫義務之一。大約兩三年間，必輪到一回，每回花銀二三百兩乃至五六百兩。經濟番舉動，兩三年的積畜完全用盡，日後再積再花，終身世世決不會間斷的。燒茶作飯，就在寺院。寺院中原備有一立方丈大的鍋口數個，用來燒茶煮飯。茶開飯熟，預備舀時，先將鐵繩一根，一頭拴在柱上，一頭拴舀飯人的腰間

，恐怕掉了下去，就沒有命了。第六、卜卦。他們無論有什麼事情，差不多問了卦然後去幹。卦上說好，他就奮不顧身；卦上說不好，眼見有多少利益，不去作。替他們卜卦的人，就是和尚，他們越卜得靈，越受人信仰。因為他們修養程度到什麼地步，俗人是不知道的，只要卜卦卜得好，他們就認為天人，拼命供奉了。

紅教徒之能力 俗人全體，只會念真言；讀長篇經文的，是碩果晨星，不可多得。便會讀長篇經文，若是叫他寫、講，也絕對辦不到。惟俗人中有一種人名叫混，（音譯）蓄長髮，髮中攙入黑羊毛，加多頭髮分量，盤於頭頂有一立方尺大，以別於俗人。此外娶妻生子，一如常人。他所念的經與普通喇嘛和尚所念的，大相逕庭。——因係佛教之別派——他念經修煉時，多在深山，並且於夜半高聲朗誦，天庭上邊帶一塊有毛的黑熊皮，打着鼓鈸，讀到要緊地方，吹那人脛骨作成的小喇叭，且用人頭作飲具

，人骨作素珠，在在裝出兇惡模樣。如此三兩年，便出而問世。他的職務，念平安經，捉鬼，咒人，祈雨，擋暴雨等等。以其所得供自己日用。這種人對於經文能寫能講，較一般俗人高得多了。

活佛之投生 佛教徒可分為上下兩級，上級名曰喇嘛，（音譯）內地人稱之曰活佛。其位最尊，在一般信徒之上。下級曰咤哇，（音譯）內地人稱之曰和尚。喇嘛係由化身而來，比方某喇嘛死後，經過一二年光景，他手下信徒，便以為該喇嘛業已投胎復生，到處卜卦，投生在何處。卜者指出兩三處所，他們一一去探問。如果所說的地點不錯，並且恰巧生有聰明的小孩子，就把這孩子姓名開列，向位置較高的喇嘛處決定。若是本人地位過高，就近更無大喇嘛，便打發人到西藏達賴班禪處決定。決定後，再等一二年到五六歲時，給娘家送些禮品，迎接過來。——他們人家，生了活佛，認為非常榮幸，所以沒有不許人迎接的。又他們娘家一定是番族

，內地人家不會生下活佛。可是近兩年來，也有生在內地信徒家的，這算是例外了。又據他們說，被決定的人，確係原人靈魂投胎，所以他還能認識前世用過的東西，使過的僧人。——便請最高明的信徒，教授佛經；他比較聰明，又專門學習，所以來得格外敏捷。他們信徒反說，『他是宿學，一般人決不能及他』。

教徒增加之原因 青海人民，生下男子，只留下一個立門當戶。——把其餘男子，年紀約莫四五歲左近，都送到寺院上去做和尚。收留他的，不是他的叔叔，便是他的舅舅，也有送到相識的老和尚處作小和尚，統以師弟相稱。小和尚的衣服飲食歸老和尚操心，但是衣食的原料，全由娘家供給。他娘家也曾分給他些牛羊馬匹等物，每年滋息交給他過活。小和尚對於他的娘家，除非念經給他祈福以外，再沒甚麼利益。

教徒之服飾　他們的衣服，與俗人不同，下身穿着圍裙，——不穿褲子，上身穿個坎肩，再穿上整幅洋布，叫作袈裟。顏色一定用紅紫，不用別的。到了天冷的時候，單圍裙底下，襯件皮圍裙；袈裟底下，穿件皮馬掛子；脚上穿着皮靴；到天熱時，一律赤脚。衣服的樣式，喇嘛和尚都是一樣，不過喇嘛所穿的材料有綢緞等物。因他們有一種教律，只有圍裙，決不能用絲織品。又有一種僧人，叫作日照巴（音譯）意言眞正出家人；因爲前邊所舉的僧人，雖是出家，但他們依舊有產業傳給他徒弟，有時還作經濟行爲。至於這種日照巴，他們居住沒有一定地方，深林大山，便是他過活的地方；穿的非常襤褸，食的又不免十分粗疏，並且都是叫化來的，所以他們的身邊，除衣鉢經卷以外，便無長物，終年專門作念經靜坐的生涯，所以叫做眞正出家人。他的袈裟是黃色，不是紅紫色。

第九　喪葬

□青海民族之孝思及送死
□教徒之送死

青海民族之孝思及送死　青海人民逢着死了人，當然與內地人一樣，悲哀哭泣。又有一部分地方，男子在髮辮上拴着白羊毛繩，女子在耳朵上拴着白羊毛線；男子不帶刀子，女子不帶首飾，表示他們哀敬的意思。喪期沒有一定的期間，平均約一年光景。在此一年以內，在帳房裏雖然飲酒，不可唱歌，也不作宴會事。他人有宴會，差不多本帳房男女不去與會。每經過好些日子，替亡人請僧諷經，此外別無若何舉動。至他們送死方式，却與內地絕對不同，因爲他們信仰佛教，所以很盼望死人坐化。平生信教甚篤，念眞言最勤，並且還做些其他工夫的，到了死時，知道死的時間

，並且還能坐化。若是沒有根基的人，死尸坐不起來，他們便用皮繩一根，由死人頸項至腿灣拴縛起來，做出坐化樣子。但是他不是活的時候坐着死的，所以雖是用繩子拴着，他仍然坐不起來，扶起了便向前後左右倒下去，於是不能不把死尸擱在帳房犄角，以免傾側。死尸面前不獻東西，也不燒香；來賓到了，只向喪主弔唁，更不去看看死尸情形如何。喪主以酒肉睨待，喪主唯一的責任，就是請幾位喇嘛和尚，——有錢的多請幾位，無錢的少請幾位，或是只請幾位和尚，不請喇嘛。——喇嘛的佈施須較和尚爲多。——念幾卷經，超厲亡魂，俾生福地。到了出殯那天，衆人及親戚一齊送葬。死者最親的人，把死尸背在身上，送了出去。送出去以後，如何了結，可分三種情形：第一種、是把死尸擱在最高山頂，他們都躲在遠處看着，不一會兒，只見多少大小不等的野禽，相繼下降，大吃大咽，頃刻而盡。這時送葬的以及家人皆大歡喜，以爲這個人很有造化，且平時

定有善行，所以他的死尸被野禽霎時吃完了。反之，若是擱了幾天，飛禽不來，或來了不吃，大家以爲大不幸事，家人咬着牙關，拿柄大斧，把死尸砍作無數小塊，希望野禽吃個乾淨，這也是不得已的辦法。第二種、是把死尸擱在空曠地方，舉火燒了，叫作金葬。不過燒起死尸，臭煙騰空，他們以爲衝犯過往神靈，免不了罪過，那麽他們去喂飛禽吃了，豈不省事免罪。然而這不是他們自由去做的事。照例，他們死了人，須請喇嘛算卦，他說棄了就棄，他說燒了便燒。所以死了以後，有棄的，有燒的，決不一律的。第三種、是埋葬。埋葬一層，在他們認爲最下乘的辦法。差不多死人出過痲疹死了的，不必請喇嘛算卦，直接去埋了，以爲這人生前不做好事，致生惡瘡 又因惡瘡以至死亡，不該用第一第二兩種儀式。還有一層，得瘡死了以後，若是用第一種儀式，不免傳染；用第二種儀式，臭上加臭，更是得罪過往神靈，以及一切人類，所以用第三種儀式，急忙埋在

土內，比較的乾淨多了。除了惡瘡，別的病是不論的。

教徒之送死 普通的和尚死了，送葬的儀式，與平民一樣，沒有什麽特異的地方；惟有喇嘛死了，除了地位尚小，生前捨的佈施不多的人，也與平民一樣送葬外；若是他位較高，銀錢寬廣的喇嘛，另有一種特別的辦法，就是請高明的能手，把死尸的肚腹剖開，去了腸子心肺等件，用鹽泥在死尸內外滿滿貼上，過數日再行換上，直至將死尸貼成乾臘肉，然後用線將剖處縫住，穿上袈裟，而上再貼上金葉，裝入神龕內佛面前邊，按上一塊一方尺大的玻璃，俾拜佛者得見佛面。此佛尸便擱在自己住所旁邊的經堂裏。自和尚修成喇嘛第一輩起，便如此供養，直到現世，經過十數輩，他的肉身順序存在的很多很多。至於供養肉身的佛龕，極其美麗，有鑲寶石的，有鑲金銀的，有完全用銀子打就，上邊再嵌上寶石等類的；費用自數千兩至數萬兩不等；耗時自數月至一二年，然後成功。由是可見他們信仰之篤，供奉之厚了。

雜記 第十

□俗尚之種種

俗尚之種種 青海人民，無論男婦老少，及僧侶喇嘛，差不多沒有不吸鼻煙的。鼻煙係用黃菸葉子與牛糞灰配合而成，並無其他作料。名鼻煙曰鼻煙。統名用口吸食之煙曰口煙。口煙之中分爲二種：用桿吸者名曰煙；用水煙袋吸者曰水煙。雅片煙睡着吸，故名睡煙。余怪其名字之奇離，示以紙煙，問曰，此何名？對曰，紙煙。見其表面有紙，故名。（雅片煙青海人沒有一人吸的。）

煙與酒，俗人最得意的常用品。喇嘛、和尚、絕對禁止。

他們固有的物件，俱有本名。由內地輸入之物，皆用內地名字。如套

褲、鞋、火盆、襪子之類，俱用內地原名。

數目有本名，又有碼字九文。算數方式，幾乎與現今內地方式相同，所以他們算術也算很深的了。

他們有番文三國誌，大致與內地三國演義相同，係散文及歌語相間而成。他們聰明一點的人，能背誦三國誌，差不多人人歡迎，暇時男婦圍着，請他背誦。

（1）第一件好的是拉薩，要是誠心去看，眼睛就有福享。第二件好的是活佛，要是活佛長壽，我們就有福享。第三件好的是婆婆，要是婆婆長壽，媳婦就有福享。

（2）好的在上邊，佛的高足弟子能夠學識優長，衆和尚就好了。（按普通弟子）長官能夠束身自愛，屬員和百姓就好了。婆婆能正直無私，兒媳和家人就好了。

(3)聽着上頭海巴（係指海螺之經殼能吹者）響，（按佛教徒集會時在屋頂吹之）都得去集會；要是集會，宗有施主聽着底下鼓聲響，知道有了王法；有王法可望平安。（按番族以帝王威力名曰王法）看見前邊白旗飛，知道班禪佛來了。班彈佛一來，大家便歡喜了。

(4)吃肥羊肉的時候，想起草山的恩惠，念念真言。吃白米細麫的時候，想起大地的恩惠，念念真言。吃酒的時候，想起家的恩惠，念念真言。

他們唱起曲來，非常入耳；一寫作漢語，便無意味。且寫作完全漢語，音節不免迂遠。上寫數語，聊以見意。除了酒曲——喜曲——以外，還有淫曲及詩歌，其節度音調，大致與酒曲相同。

他們有很多的流行格言，不論平常說話，或會場演說，每每說出。記

得多，並說得恰當，便算能言。此種成語，他們名曰比語；惟細釋其意，比語之名未爲得當，仍以成語二字爲妥。玆錄一二於左。

(1)我分不給，你分不取。（按即一介不以與人，一介不以取諸人之意）

(2)下了雨，路不好；喝了酒，人不好。

(3)上等人撒謊，一年不破；中等人撒謊，一月不破；下等人撒謊，出門便破。

(4)好漢對了脾氣，銀錢不分；好婦對了脾氣，米麵不分。

(5)聰明人一提便醒；好馬一鞭納塵。

(6)上等人說話，準聽；魚在水裏擺尾，準看。

(7)衆口沒大門。（按防口不易之意），歧路沒關門。（按易入歧途之意）

(8)天過青無雲，水過清無魚。

(9)風吹鳥窩，上不穩；水冲魚窩，下不穩；謠言迷惑，中（指心）不穩。

(10除非見了野象，不避路；除非見了桑巴（釋迦佛名），不低頭。（按强梁者多作是語）。

(11)祇要吃着鹿肉，就是臕瘦，不可多心；祇要喝着松潘茶，（按此茶出產松潘，青海人最喜飲。）縱無酥油，不可多心。

他們的跳舞，實在幼稚的很，並無如何規則，高起興來，一跳便了。他們過會跳舞的時候，曾見有一人，混身上下掛了數百個錢針。（從前穿制錢時，拴錢串細用的）。——就是用錢串鈎兒穿着身上外皮，出來到了羣中亂跳，直到錢針一個一個自行掉落，方纔完事。又有好些人，用錐及將兩面頰肉從口中橫穿過去，弄得不得開口，更不能說話，排隊出來，打着

圈兒走了多時，方纔進去。據說此係因疾病等事許愿，此時到會中來還，然而太無意識。

他們有一種人，名叫巫，專爲人看病。拿一張猾皮子，蒙在一個鐵環上，約二方尺大，算他的鼓。看病時打起鼓，念動真言，約半點鐘工夫，便有神附着他的身上，爲人治病。人問吉凶，未來事件，也一二回答。完了，將身一抖，神便去了，巫也醒來。他不知他所做何事，所說何話，又向旁人一二細問。青海人民信服得起勁。

又有一種人，專會圓光。圓光時，眼前放一方圓鏡子，他念動真言，不多幾句，便眼珠一番，擺着頭直看鏡子。據云，此時在鏡中所見的係妖魔鬼怪，須旁邊一人，念着經文，用麥子向鏡上慢慢打去，此鏡過一過，便成一空洞世界；問什麼事，便現出什麼事，能知未來，靈驗無爽。

喇嘛中間，也有作强盜首領的，他手下不論僧俗，總有幾百人，十分

信仰他。說怎麼，便怎麼。每年他要刼取人財之時，他便發一口令，名曰放槍。此令一下，他手下一齊出去刼取人物。但是他命令有一定終止日期，到了終止日期，不論搶得東西的，與沒有搶得東西的　全部回來，絲毫不敢違抗。搶來的東西，都排在喇嘛面前，喇嘛取過要用的東西以後，其餘的教他們拿去，從沒有未經喇嘛選取，自己先用了的；沒有瞞着喇嘛、不排在面前的。

喇嘛走路，隨身帶幾名弟子、跟人，不怕強盜搶了。但是某喇嘛有一次遇着一羣強盜，上前搶刼。他說我是喇嘛，爾不可造次。這強盜便答說，你是喇嘛，你會知道未來，爲何不知今日遇見我們。喇嘛便無言答對，遂被刼。

夫妻居室，在內地人看去，是正大光明的一件事。但是他們青海夫妻須各別睡覺；就是要敦倫，須偸着幹幹。男女私交，在內地人看來，（除

了提倡自由戀愛一部人）不是怎樣體面的事，可是他們公然爲之。到底他們的對，還是我們的不對，這就難說了

他們佛教徒，對於一般人，持一種無善無惡的態度，並發一種無善無惡的論調。所以他們信徒，也就把作姦犯科之事視爲尋常應幹的事。這是佛教徒不是處。但也有原諒，因爲不如是，不能得全民信仰。有的信仰，有的不信仰，須如此主張，然後佈施富足，出家人不至餓死。

我見好些婦女，拿着一塊頂粗的布，粘作一個方塊，再拿幾根紅綠的粗棉線，橫一道，順一道，在那裏繡花，十分誠實，十分用心。我見了，連我肚皮都笑破了。又恐怕她們害羞，急忙用別話遮過。隨後我慢慢向她們問，這樣玲巧的活計，你們從何處學來的。她們說，「有一位婦女，在內地邊界住居了若干年，學得繡花技能；後來她到了青海，使傳給我們；到我們身上，大概有五六輩了。」

（完）

青海風土記　全一冊　實價銀三角

版權所有　翻印必究

著作者　楊希堯
校訂者　林競
出版者　新亞細亞月刊社
總發行所　新亞細亞書店　上海金神父路花園坊十四號
分發行所　新亞細亞書店分店　南京成賢街四十九號

民國二十年八月十五日出版

原著封面：

封面照片说明

此图地址在青海之东南隅，右方之白者为海耳，番子以其像人有耳也。当中之白道系倒淌河，迤北为沙山，东连高山，西伸海中。闻入海之河周围共有一百零八道。海之所以能保持常态而不致溢者，全系沙山吸水之力；故番民称沙山为海虎，以其能吸水也。

此处“青海”，即指青海湖（百年前尚未出现“青海湖”称谓）。

海耳，亦称“耳海”，是青海湖东南岸的两个子湖之一，淡水湖，面积 8 平方千米。

倒淌河发源于日月山西麓的察汗草原，全长约 40 千米，自东向西，流入耳海，故名倒淌河。河流蜿蜒曲折，河水清澈见底。

东岸的沙山实系湖水退缩后形成，沙面以下 20 厘米，即有湿沙现象，因此有“沙山吸水”之说。

“闻入海之河周围共有一百零八道”确为传闻，实测仅约 40 道。

原著封面插图：

以此说明观之，可见百年前湖水尚能“保持常态不致溢”。但纵观地质史，由于蒸发量大于注入量，青海湖绝无“致溢”之虞。

“右方之白者”疑植字有误，当为“左方之白者”。

今所见各版本《青海风土记》的封面照片，均模糊不清、湮散难辨。经反复推敲，遴选再三，找到这张同址（青海湖东南岸）的网络图片。

跋

《青海风土记》的原始素材的收集记录和撰写，是在1918年(民国七年)，到2018年，正好一百年。现在，已经一百零三年了。

由于缺少史料，今天已无从了解撰写成书的具体情况，更无法确知：为什么时隔13年，到1931年（民国二十年），才正式出版发行。

根据林竞先生叙述(参看本书首篇“林序”)，本书在正式出版之前，有过一次印刷发行。林先生说：“《青海风土记》听说是民国七年著的，在家里居然睡了好几年，一直到现在，才可怜怜的付与西宁区公署印局去印……”林序写作于民国十七年二月一日（1928年2月1日），本书正式出版还在其后三年多。可见，曾经“付与西宁区公署印局去印”为确凿之事。至于首次印行的详情，已不可考。

《青海风土记》正式出版于民国二十年8月15日（1931年8月15日），出版者是“新亚细亚月刊社”，由上海的“新亚细亚书店”和南京的“新亚细亚书店分店”作为总发行所和分发行所。

推测初版的这本书，行销情况良好，可能成为此书再版发行的一个原因。《青海风土记》再版于1933年（民国二十二年）5月15日，出版者是“新亚细亚学会”，发行所都在南京，由“新亚细亚学会出版科”和“新亚细亚月刊发行部”作为总发行所和分发行所。

初版和再版在内容上没有改变，只是在全书的编排上稍有变动，插图由目录后面提到目录前面了。

今看到有初版的书，在版权页上方的专门留空——竖排的上句“版权所有”和下句“翻印必究”之间的空白的方框——上有“新亚细亚书店”的红色钤印。这应该是书店的售书纪念章。由此亦可一窥当年读书界的风尚。

此书问世以来，虽然历经腐蚀、火灾……却也“野火烧不尽”，散见于各大图书馆。

我母亲杨忱老人家悉心搜集，购得一本初版原书（参看影印部分的封面页，即是母亲所购本封面），这本书钤印“教育图片出版社图书资料之章”。（1956年5月成立于上海的“教育图片出版社”由原“新亚书店”“大中国书局”“世界舆地学社”“北京书店”合并组成。该出版社于1958年5月又与“新知识出版社”合并，成立“上海教育出版社”。）

我见到的一本原书，钤印为“金陵大学藏书”，版权页上还有这个大学图书馆的借阅规则。金陵大学（University of Nanking），由美国基督教会美以美会（卫斯理会，Methodist Church）于1888年（清光绪十四年）在南京创办。当时社会评价为“中国最好的教会大学”。1952年其主体并入南京大学。

互联网上搜索，还能见到诸多本书图像，其中钤印章、藏书标识也多种多样，甚至还有的原书上钤有“中华民国廿六年叁月十八日收到”和“购字第XX”之印。

20世纪最后几年，我的二姨娘杨恪女士，回到家乡青海，四处奔走，搜求整理外祖父的遗著、佚文（同时她老人家也收集了外祖母长期口述过的大量故事和谚语），并且辑录、印制成册。杨恪姨娘就搜集到了这部外祖父百年前出版的重要著作《青海风土记》。

早先，学者们收集古籍的最主要方法无非是逐字手抄。所幸，20世纪90年代已经有了复印机，杨恪姨娘就将此书做了完整全本的复制。我记得是她在青海省图书馆（或可能是省市“地方志”机构的图书资料单位）找到原书，利用当时用起来还很费劲儿、很麻烦的复印机，费尽周折才制作了完整的复印本。杨恪姨娘功莫大焉！

杨恪姨娘六年前作古，她老人家看不到这本《青海风土记》了。念及此，无比悲痛哀伤，只能俟书成后，遥“告乃翁”于她老人家在遥远南海的魂灵之前。

20世纪60年代，我母亲杨忱多次亲聆、记录了外祖父的自传回忆录。母亲老人家说过：陆陆续续所录笔记，不觉间，已有一本书厚。万分可惜，这部手稿和其他珍贵书籍文本，在之后的政治运动中不幸被付之一炬。

得到《青海风土记》的复印本之后，母亲抚今追昔，痛切遗憾外祖父的回忆录再也不能复出……她老人家就时常与我商议，是否将这本《青海风土记》重新考订装帧，变成适于今天年轻人——至少是我家新一代年轻人阅读的文本。

毋庸置疑，这个工作，义不容辞。然而，退休几年来需要我做的文字和其他工作绵延不断，陆续编写了纪念父亲的文集和他老人家的作品集、出版一本书，还编辑印制了几本画册，用去不少时日，拖拖拉拉的，直到今年秋天，才算是把这个“百年之际，重订《青海风土记》”的重要事情办好了。

重订《青海风土记》的主要具体工作是：

一是认真重读原书。

我阅读了许多有关书籍资料，同时还回顾了百年前的国家、青海、青海建省等历史情景。重订的过程，是非常好的学习的过程。

二是把原版全书一字不漏地录入电脑。

我和我家兄弟子侄们的计算机文字处理的技术都是很不错的，大家都能很娴熟地使用文字编辑软件和其他的有关应用。虽然，现在只要给电脑“看书”，它就自动识别文字并录入。但是，由于《青海风土记》用的是竖排的繁体文字，给电脑“看书”的办法，根本行不通。大家也都还只能用手打字，比较辛苦。后来，也充分利用了当前技术进步很快的语音输入法，只要对它说话，语音就变成可编辑的字符串，且被录入电脑。我就依赖这种软件，录入了不少篇章。

有时候，这个工作也会给人带来粲然一笑：当我读到“无万一之损”（物产 第七）的时候，这种可爱的语音输入软件在屏幕上显示“51000只隼”！真是令人忍俊不禁。

承担了录入工作的家人有：刘维明、刘光明、纪薇、纪艾、刘容、刘原。

三是注疏。这个工作由我一己完成。

全书凡三序言、十篇章，另有九幅插图（照片，含封面图）、七则图片说明（含封面说明）、版权信息和其他插图说明等。几乎每篇（则）文中都有一些需要注解、疏通的地方。尽我所能，全书做了百余条注释（说明）。

原书撰写距今已经百年，百年前的繁体字在20世纪中叶（1955年）被规范简化。60多年来，大众已经很少再接受繁体字教育。本重订本使用规范简体字（上述各位录入文字时，竖排的繁体字就全部换成横排的简体字了）。

虽然结篇章句之法，百年来亦多有流迁，但当时正逢白话文兴起，文人墨客踊跃践行，外祖父的文句，既典范儒雅，又通脱畅达，今人阅读，很少障碍。所以重订工作以尽量少注疏为原则。

新式标点符号的用法，百年前正处于实验阶段，与今日国家标准《标点符号用法》亦有不合之处。但，凡不生歧义的，一律不改。偶见有不当，顺手改订。为了今人了解语言规范，有时也做一点说明。至于个别文句中的旧时用法可能导致语义模糊的，则都做出了注释。

四是内容编排。也是基本遵循初版原书结构顺序。

重订本加上了原书的影印，以重现原书风貌。正文前后加了重订本的序、跋，做出必要的评介、说明。除此之外，重订本有四个附录，编者认为也很重要。

原著文字的排版，是遵古制，竖排成列，左翻向右的；重订本则改为现代书籍排版规范，横排成行，右翻向左。

适应当时的阅读习惯和成书的印制需要，原著划分自然段比较少。重订本基本保持了原著的面貌。只有“物产第七”章和“宗教第八”章，原文层次丰富，使用序号很多，为了展示原文脉络，使层次或分述更为明晰，在这两章的序号处或其他必要处，做了重新起段处理。

出版社编辑在原文校改之处使用了校注符号，如衍文用〈 〉表示，脱文在（ ）内标出脱字，明显的讹误在原误字后用〔 〕注出正字。为避免原著中夹注内容所用括号与脱文所用括号混淆，原著夹注内容用楷体标示。

这本诞生在一百年前的内容厚重、装帧古朴的《青海风土记》，终于又以新的面貌出现在关心、了解或想了解辽阔雄浑青海高原上发生的过去的故事的人们面前。

作为后人、重新编订者，再三捧读祖辈的百年前著作，勉力做成这样一部《青海风土记》，既感欣慰又未免遗憾……但是，这不重要，重要的是，还要请有缘捧读此书的年轻的读者鉴览、考评。

谨以为跋。

刘钦明

于青海民族大学·明园书院

2018 年 10 月 10 日撰

2020 年 12 月 28 日改